Joachim Schröder

Es begab sich dereinst im Eifelland …

Eefeler Verzellcher
Band I

ELV

Herrn Udo van Meeteren (Düsseldorf/Wallersheim) gewidmet.

Joachim Schröder

Es begab sich dereinst im Eifelland …

ELV

Eifeler Literaturverlag 2021

1. Auflage 2021

In der Verlagsgruppe Mainz

Printed in Germany

Eifeler Literaturverlag
Verlagsgruppe Mainz
Süsterfeldstraße 83
52072 Aachen
www.eifeler-literaturverlag.de

Gestaltung, Druck und Vertrieb:
Druck & Verlagshaus Mainz
Süsterfeldstraße 83
52072 Aachen
www.verlag-mainz.de

Umschlaggestaltung: Dietrich Betcher, unter Verwendung
eines Fotos aus dem Privatarchiv des Verfassers

ISBN-10: 3-96123-021-8
ISBN-13: 978-3-96123-021-1

Inhalt

Vorwort 10
Eifelhymne 11
Anno 1895 12
Aus der Postkutschenzeit 14
Bauernhochzeit vor 150 Jahren 18
Wie friehjer et Bruck jebaach juv 19
Burg-, Hütten-, Scheefsonntag 20
Et Evangelijum von d'r Jeburt vom Chresskindchen
– nierjeschriwen vom Evangelist Lukas 23
Die Schafe mussten das Christkind warmhalten 25
Chresdagliedche vo friejer 27
Chresdagmorjen 28
Dän aahle Melichbock verzellt vo friejer 29
Gedicht zum Pfund 31
Su woar dat emol … 32
Demelich 33
Deftiges, herzhaftes Mundboxen … 34
Der Burgsonntag 35
Der Eifelriese Kakus,
der Held Hermules und die schöne Fey 37
Der kleine Quälgeist 40
Prüm und sein Hanswurst 42
Die aal Kaneck 42
Die Bitburger Geeßenströpper 43
Zwing – Zwu – Zwe 44
Als die Kölner Heinzelmännchen in die Eifel zogen 45
»Drum sitzen die Verliebten
am liebsten unter Linden« 50
Dummheit ist eine natürliche Begabung 52
Eefeler Sprüch 56
Eifel pur 59
Eifeldorf-Charakter 60
Die Eifeler Hochzeit – kulinarisch 60
Eifeler Humor 62
Typisch Eefel ! 64
Der gute Tropfen 65

Eifelgold 66
Eifellieder 67
Ein Butterbrot packt (sich) aus … 78
Eine ehemalige Schulbank plaudert von früher 81
Eine Eifelreise im Jahre 1902 83
Eine Schmunzelgeschichte
(wenn auch der Anlass traurig …) 85
En aal Kannebaank verzellt 86
En halven Hahn 87
De Jeschicht ass woahr, virr 60 Joahr! 88
Es eifelt! 89
Eulenspiegel auf der Dasburg 90
»Fahrendes Volk« zieht übers Land … 92
Fasicht 99
Flotte Sprüche 101
Spruchweisheiten 104
Gedanken einer Wurzel 104
Gedanken eines Wegekreuzes 105
Geputzt und verpackt 106
Hei jet es deftisch jeschaant! 108
Heimat – neu definiert 109
Heimat – poetisch 112
Heinzelmännchens Auftritte 112
Herbstfantasie 115
Herbstgedanken am See 116
Herr M. besingt die Eifel 117
Eifel – Wanderlied 125
Judden Hunger! 126
Kinderzungenbrecher 127
Kinderlieder aus der Eifel 129
Kinderreime 131
Kinderverse op plaat 135
Kuhhandel im Städtchen 139
Mit der Kutsche durchs Kylltal 141
Lustige Sprüche 142
Liebeserklärung eines Bierfreundes 146
Lockere Sprüche 146

Los- und Lurtage	149
Lustige MUH-Zitate …	154
Martinstag? Volkstrauertag? Karneval?	155
Der älteste Moselsänger	156
Das Pötz	161
Mundart ist die Sprache des Herzens	162
Mundart – Reime	162
Mutter-Sohn-Dialog	164
Nasen, die nicht heulen	165
Notbremsung und Lebensrettung	166
Oh schönes Eifelland	168
Omas Kiddelschierz	171
Die Sprache der Walz	173
Ein Prost auf die Eifel!	175
Schlachten, Stolpern und Räuchern	175
Schwätze, schnesse, schwadroniere …	178
Sprech un Sprech … un Sprech	182
Zu Besuch bei Tante Emma	184
Traditionelle Eifelrezepte	187
Trepsenmechel, der Heilkundige	192
Us juut aal Eefel	197
Volkes Mund tut Wahrheit kund …	199
Vor einem Hollerbusch musste man den Hut ziehen	201
Vorsicht Kollision!	206
Weberlied aus der Eifel	208
Auf der Isleker Eisenbahn …	209
Achtung: Spaß!	210
Wo gehobelt wird …	211
Zum guten Schluss	212
Die Eifel-Rallye: Lösungen	216
Der Autor	219
Frage	221

Sobald ich in der Eifel bin, beginnt ein wunderbares Konzert des Erlebens, an dem alle Sinne beteiligt sind. Nur ihr Zusammenspiel vermag die Fülle der Eindrücke zu fassen.

Hermann-Josef Schüren

Vorwort

Eifeler Steckelcher und Verzellcher: das meint nichts anderes als Erzählstücke, die in der Eifel seit frühester Zeit mündlich überliefert wurden und werden. Sie bezaubern durch Originalität, Würzung und oft auch derbe Sprache. Doch diese hat ihre Grenze, wenn es droht zu entgleiten. Hauptsache war und ist, deutlich zu machen, was gemeint ist. Das trifft insbesondere für »flotte Sprüche«, kurze Dialoge und Redensarten zu.

Köstlich sind zumeist die vielen Erzählungen von Begebenheiten und Ereignissen freudiger oder auch ernster Art. Der Eifeler weiß stets zu betonen und zu gewichten, manchmal tritt auch ein Schuss Ironie oder Übertreibung dazu.

Herzliche Grüße an alle, die dieses »Schatzkästlein« lesen und sich nicht um eine oft deftige Wortwahl scheren.

Die Eefeler Verzellcher se nu mol wie se sen: hart, aber herzlich.

Mit Eifelgrüßen,
Joachim Schröder

Eifelhymne

Lob der Eifel

O Lust, das Aug' zu laben
In Deutschlands schönen Gau'n,
O Lust, die Gottesgaben
Im Eifelland zu schau'n!
So weit das Auge schauet,
Reiht Berg an Berg sich an!
In grünen Tälern bauet
Sein Korn der Ackersmann.

Empor mein Sang, mit hellem Klang!
Ihr schattigen Wälder, ihr Berge und Seen,
O Perle des Rheinlands, o Lust, dich zu sehn!

Hoch von den Gipfeln grüßen
Die Burgen alter Zeit,
Und an der Berge Füßen,
Lacht neue Herrlichkeit.
In mächt'ger Buchen Schatten
Vom Vogelsang umtönt
Gestreckt auf grüne Matten, –
Da wird das Herz versöhnt.

Empor mein Sang …

Gleich frohen Kindern hüpfen
Die Flüsschen zu dem Rhein,
Und Gnom und Zwerge schlüpfen
Am See im Mondenschein.
Das Murmeln und das Rauschen
Wie's traut und lieblich klingt,
Und mühlos kannst du lauschen
Wies's schöne Märlein singt.
Empor mein Sang …

Aus tausend Schlünden kochte
Dereinst der Lavastrom,
Was Eiflers Fleiß vermochte,
Heut' ziert er Stadt und Dom.
Sieh' Kinder, Mutter, Vater,
Welch sinnig fromm Gemüt!
Wohl jedes Herz im Krater,
Der heiß für Gott erglüht.

Empor mein Sang …

So eilt, das Land zu sehen,
Und atmet seine Luft,
Gestärkt ihr werdet gehen,
Wenn neu die Pflicht euch ruft.
Erzählt's dann allerorten
Auf eurer Wanderschaft;
Im Süden wie im Norden
Der Eifel Ruf bewahrt.

Empor mein Sang…

W. Gries (1908).

Anno 1895

Eine Touristin erinnert sich …

»Ein leuchtender Punkt in unserer Erinnerung, bereichert durch gestärkte Gesundheit und Energie und den unerschöpflichen Schatz herrlicher Erinnerungen…«, so klingt es im Nachwort einer Dokumentation über eine Eifelreise im Jahre 1895. Niedergeschrieben hat es die Engländerin Katharine Macquoid.

Nach einer mehrwöchigen Reise benennt die Verfasserin explizit Orte ihrer Besuche, charakterisiert die Landschaft und urteilt präzise über ihre gefühlsbetonten Begegnungen mit den vielfältigen Erscheinungen in der Natur.

Besonders lobt Macquoid die reine Luft, die Mineralquellen, die schäumenden Flüsse und stillen Kraterseen. »Saubere und komfortable Gasthöfe finden sich alle sechs oder acht Meilen, wo dann eine Übernachtung mit Frühstück für etwa 2 Mark zu haben ist«. Zwischen den größeren Orten, so etwa zwischen Daun, Manderscheid und Wittlich, gäbe es eine Eilpost oder eine Kutsche, mancherorts fahre auch die Eisenbahn. Viel Lob erfährt dabei das Kylltal, das durch die Bahn von Gerolstein bis Trier bestens erschlossen sei.

Besonders die Vulkaneifel hat es der Touristin angetan: Von Birresborn über Gerolstein bis zum Laacher See zeige das Profil der Landschaft »wundervolle Züge«, für Geologen ein Dorado. Massen von Basaltgestein, der entflossene Lavastrom, die Form des Trockenmaares »Papenkaule« bei Gerolstein bis hin zum »Horngraben« bei Manderscheid – der Besucher labe seine Augen »an so viel Schönheit«. Geologisch präzise kreist die Autorin das vulkanische Gebiet ein: »Es scheint am Goldberg (Ormont) zu beginnen, streicht quer über das Land bis Bertrich, eine Bergkette, nur durchbrochen durch das Tal der Kyll nahe Gerolstein, durch das Liesertal bei Daun und Manderscheid, durch die Täler der Alf und Üß. Der Rodderberg ist der nördlichste Vulkankrater, er liegt zwischen Rolandseck und Mehlem am Rhein«. Laacher See, Pulvermaar und Holzmaar werden als besonders fischreich und interessant markiert.

Neben dem Charme gewisser Städtchen wie Manderscheid (»Perle der Eifel«), Flusstälern wie das der Rur oder der Ahr sowie den Naturräumen zwischen Wasser, Wildnis und erloschenen Vulkanen preist die Verfasserin immer wieder das heilkräftige Klima an. »Die strahlende Üppigkeit« von Wildblumen und Waldesgrün stehe im Gegensatz zu den »fantastischen Formen« der »unheimlichen Vulkane und zerstörten Burgen«.

Günstige Reisewege für Engländer – zeitlich wie finanziell – sei die Route über Köln, Euskirchen nach Hillesheim oder Gerolstein. »Nordeinsteiger« sollten den Weg über Remagen ins Ahrtal oder von Köln nach Andernach fahren, dann den Zug über Mayen, Daun, Ulmen, Gerolstein nehmen. Aus Daun fahre man günstig mit der Kutsche nach Manderscheid.

Zum Schluss liefert die Engländerin ein ebenso entschlossenes wie kurzes Wort zur Charakteristik der Eifelbewohner: Diese seien »freundlich gesonnen, gefällig und einigermaßen sauber«.

(Hört, hört…!)

Aus der Postkutschenzeit

Kein Handwerk, aber eine Dienstleistung – das verbindet man mit den Postkutschen und denen, die sie fuhren. Eisenbahn und Auto haben die Postwagen und -kutschen längst abgelöst, aber dennoch erinnert noch manches an diese Zeit der Romantik und – so mancher Beschwerden.

Mit der Verbesserung der infrastrukturellen Verhältnisse in Deutschland nach den napoleonischen Wirren, vor allem mit der Verbesserung der Straßenverhältnisse sah man die Postkutsche als ständigen Gast auf den Wegen der Eifel. Im Jahre 1817 wurden bei uns die ersten Fahrpostverbindungen eingeführt. Mittlere und große Orte erhielten damals ein Postwärteramt, das zumeist mit einer Posthalterei, Station genannt, verbunden war. Dieses Amt unterstand dem Oberpostamt. Bis zum Jahr 1830 besaßen fast alle größeren

Ortschaften des Eifelgebietes ein Postwärteramt. Unter amtlicher Fürsorge entstanden hier auch ansehnliche Gaststätten, oft mit dem Zusatz »Zur Post«.

Die große Postverbindung Köln – Trier führte mitten durch die Eifel zunächst über Wittlich, seit 1830 über Stadtkyll – Prüm. Eine sog. Karriolpost (Briefpostwagen) verkehrte dreimal wöchentlich in jeder Richtung. Daneben gab es Stichlinien, die zumeist zweimal pro Woche gefahren wurden. Karriolposten dienten in erster Linie dem eigentlichen Postversand, nicht der Beförderung von Reisenden. Gab es einmal freien Platz, konnten auch eine oder drei Person(en) mitreisen. Zu der großen Postverbindungsstrecke Trier – Köln fuhren täglich ein bis zwei »Zubringer«, damit der Anschluss gewährleistet war.

Das Postwärteramt wurde geleitet vom Posthalter, dem ein Postverwalter zur Seite stand. Dieser führte die Postkasse und hatte Annahme und Zustellung der Pakete und Briefe zu überwachen. Postboten hatten die Zustellung im Ort und über Land zu erledigen.

In den Stallungen der jeweiligen Posthalterei standen immer mehrere Pferde, die einem Pferdeknecht zur Pflege anvertraut waren. Die oft mühsamen und weiten Fahrten verlangten des Öfteren einen Wechsel der Pferde.

Im »Hotel zur Post« wurden derweil die Gäste betreut und bewirtet. Eine Magd sorgte für höchste Ordnung, während die Köchin dem leiblichen Wohl der Reisenden diente. Oft angeschlossen: eine Herberge, in der der Gast preiswert übernachten konnte.

Eine Fahrt mit der Postkutsche kostete je nach Bedeutung der Strecke unterschiedlich viel. So schwankten die Fahrpreise zwischen sechs und zwölf Silbergroschen je Meile, dabei waren 20 bis 30 Pfund Gepäck frei. So betrug beispielsweise 1873 der Fahrpreis von Stadtkyll nach Losheim 1,30 Mark, von Stadtkyll nach Hallschlag 0,80 Mark und von Stadtkyll nach Jünkerath oder Kronenburg 0,50 Mark. Gepäck konnte auf diesen Strecken ohne Zuzahlung mitgeführt werden.

Wintertags wurden die Postkutschen umgerüstet. Dann löste man flugs die Wagenräder und ersetzte sie durch Kufen. Aus einer Kutsche wurde so ein Schlitten, der leicht zu hantieren war. Dennoch ist in hohen Verwehungen oft genug ein Unglück geschehen, wenn die Wege nicht ausreichend mit Stangen und Strohbüscheln markiert waren.

Im Zielort angekommen, wurden die Pferde zur Tränke geführt. Dazu ging es an den Bach oder Mühlenteich. Während der Landpostbote die Pakete und Briefe zustellte, warteten die Pferde in einem Schuppen oder im Gelände. Kam eine Postkutsche im Dorf an, blies der Postillion in sein Horn, und die erwartungsfrohen Kinder sangen mit dem Klang des Hornes:

»Trari, trara, die Post ist da!
Ich habe euch was mitgebracht – mitgebracht,
dass euer Herz vor Freude lacht – Freude lacht,
aber kein Geld – aber kein Geld!«

Zumeist war eine Fahrt mit der Postkutsche kein Vergnügen. Eine Federung gab es nicht, und bei weiten Touren auf steinernen Wegen und Straßen hatte ein gewisses Körperteil doch manche blauen Flecken. Der Innenraum der Kutsche fasste bis zu zehn Personen, die Fenster blieben meist geschlossen und der Laderaum war mit Paketen gefüllt. So zog es der ein oder andere Fahrgast vor, dem Postillion auf dem hohen Bocksitz Gesellschaft zu halten. Hatte man dann einen »Flachmann« zur Hand, konnte die größte Kälte nichts mehr ausrichten.

Am Pferdegeschirr bimmelten die Glöckchen, hin und wieder knallte die Peitsche; denn nicht selten war man weit außerhalb der angegebenen Zeit, wenn wegen Schneefalls oder Regen eine Verspätung unvermeidlich war. Dann wurde in den Dörfern die Postkutsche sehnsuchtsvoll erwartet, zumal wenn man neue Nachrichten aus dem Umkreis erhoffte oder es ein Wiedersehen mit Verwandten gab.

Als ein hochangesehener Wandergewerbeberuf in der Eifel galt der Postillion. Er hatte die volle Verantwortung für seine Reisegäste und den Inhalt des Postsacks. Im Sommer war die Arbeit eine angenehme. Jetzt fühlte sich der Postillion hocherhaben auf seinem stolzen Bock, ließ das Horn erklingen und sammelte gutes Trinkgeld von den Reisenden.

Verdienstvolle Postillione – sie trugen eine dunkelblaue Uniform, einen schwarzen Lederhelm mit Adler, das gekrümmte Posthorn über der Schulter- erhielten bei ihrem Abschied aus dem Dienst die »Ehrenpeitsche« oder das »Ehrenposthorn«. Die letzten Ehrungen gab es meines Wissens nach 1834, nachfolgend erlosch die Zeit der Postkutschen. Eisenbahn und private Fahrzeuge waren als Konkurrenten zu stark geworden.

Diese Eifeler Reiseromantik mit Postillionsweisen, knatterndem Fuhrwerk, winkenden Mädchen und frohen Passagieren endete jäh mit der aufkommenden Technisierung und Motorisierung.

Rauer war mein Postillion,
ließ die Geißel knallen,
über Berg und Tal davon
frisch sein Horn erschallen.
Und von flinken Rossen vier
scholl der Hufe Schlagen,
die durch's blühende Revier
trabten mit Behagen.

Wald und Flur im schnellen Zug,
kaum gegrüßt – gemieden,
und vorbei, wie Traumesflug
schwand der Dörfer Frieden.

Nikolaus Lenau

Bauernhochzeit vor 150 Jahren

Das ganze Dorf feierte eine Hochzeit, und ebenso spät wie bei der dicksten Bauernhochzeit schallte es aus der wimmelnden Dorfschenke in die dunkle Nacht hinaus:

Und was ich Euch erklären will;
Wo kommt der Ehestand her?
Merket auf mit Fleiß:
Er ist von keinem Menschen erdichtet,
Gott selber hat ihn eingerichtet
Im Paradies, im Paradies.

Als Gott den Adam erschaffen hat,
Macht er, dass er entschlief.
Tat ihm nicht weh:
Er nahm eine Rippe aus dem Adam seiner Seite
Und machte daraus die Eva zum Weibe,
Setzt ein die Ehe, setzt ein die Eh',

St. Paulus hält den Ehestand gut
Für den, der ihn auch halten tut
Den Himmel auf;
Wenn sie nun treulich fürchten Gott
Und allzeit halten sein Gebot,
Dann ist's genug, dann ist's genug.

Die Ehe ist eine harte Buß',
Weil man oft viel drin leiden muss;
Durch Leid zur Freud.
Und muss sich gänzlich ergeben drein,
Muss willig und geduldig sein,
So lang' Gott will, so lang' Gott will.

Jetzt bitt' ich Euch, Ihr Hochzeitsgäst',
Dass Ihr das Brautpaar nicht vergesst,
Doch nicht vergesst.

Drum wollen wir nun für sie beten,
Dass sie den Eh'stand recht antreten
Und halten gut und halten gut.

Wie friehjer et Bruck jebaach juv

En Zeijtbild vo 1940 ous d'r Westeefel

Friehjer buchen de Dorefsleck hirr Bruck all selwer. Nemen de Pastur un de Schuljer jungen et beij de Bääcker koofen. Jitt Hous haat singen eijenen Baackes. Et juuv net – wie an anneren Derefern – e Baackes firr se all. Onjefähr all zwu Wochen juv den Owen ajewurf – da juv en Dotzend Brugger beienee jebaach.

Rezept firr et Bruckbaachen

- Souerdeech
- 800 ml Melich
- 2 Kilo Kuurmell
- Saalz

Etwa een Stonn virr dem Baachen juv dän Owen mat Reisern, die virrher am Besch geraaft jä woren, ajeheizt. Die Reisigbendel juven Schaanze jenaant. Backferdisch wor dän Owen, wenn et beim Kraatzen an d'r ewirschter Seit Funke schluch; donoh juv de Aisch ous d'm Owen jezoren un mat em Lappen nohjewescht. Dä Lappen juv dofirr em de Schieber, Schess jenaant, jewickelt. Wel woar d'n Owen red firr anzefenken.

Dä Bruckdeech juv zwu Stonnen virr dem Baachen ajesaat. Dekker much dat de Frau och alt am Owend dovirr. Dan schutt de Frau Mell un Waaßer an de Muhl – datt woar en Höhl am Desch enner d'r Platt. Sie duut Heif, Saalz und Souerdeesch vom letzte Baachen dobeij. Ous dem Deesch juven zwölef Brugger mat em Jewiescht von 3 bas 4 Kilo zu ovalen Brucklaiwern jeformt. Dän Deesch kum daan a Striehkirefjer, Kurweln jenaant, un bluff noch kurz Zeijt stohn. Op em schwären Holzbrett, wu e lingen Duch drob luch, juven die Brugger opjereiht un mat er Birscht naas gemaach. Donoh juven de Brucklaiwer an d'n Owen geschuppst – mo naant datt och jeschoss.

No eener juder Stonn holt mer die Brugger matt der Schess aus d'm Backowen, noch emol juven se jefrescht, also naas bestrach. No 10 Minutten wor datt Baachen ferdisch. Die Brugger juven rousjeholt un op em Regal opjereiht.

Dat jaanz Hous roch, et woar en Plaisir. Virr dem Verzer kruch datt fresch Brugg e Kreiz mat d'm Mätz opjedreggt. Irscht daan juv et objeschnidden.

Burg-, Hütten-, Scheefsonntag

Vegetationskult, Wachstumszauber, Winteraustrieb

In diesem Jahr fällt der sogenannte »Burgsonntag« auf den 14. Februar. Sicherlich in diesem Jahr ein viel zu früher Termin für den Winteraustrieb. In 80 Prozent der Fälle kommt der Termin zu früh für die Eifel – aber Brauch ist Brauch. Und das ist gut so – Hauptsache man hält das überlieferte Brauchtum aufrecht.

In der Westeifel heißt der erste Fastensonntag »Burichsonndisch«, in der südlichen Eifel sagt man »Hettensonndisch«, in der Vulkaneifel heißt er »Scheefsonndisch«. Gemeint ist dasselbe: Der Winter soll mit lodernden Höhenfeuern ausgetrieben werden.

Der Jahrhunderte alte Brauch geht auf ein heidnisches Brauchtum zurück, bei dem der Frühling begrüßt und der raue Winter vertrieben werden sollte. Der Termin schwand im Kalender, manchmal ist es noch knochenharter Winter, ein anderes Mal schon wärmender Frühling. Fast immer liegt er vor dem kalendarischen Frühlingsanfang und erscheint für die Westeifel als zu früh. In seinen Ursprüngen vermutet die Volkskunde in diesem Jahresfeuer überlieferte Brauchformen, die von vegetationsgläubigen Leitmotiven geprägt sind. Das Abbrennen einer »Burg« wird zudem als eine Zauberhandlung und ein magischer Ritus zur Erweckung der Lebenskraft gedeutet.

Wesentliches Kennzeichen des Burgsonntags war immer das Erdfeuer, das dann zusätzlich durch ein Strohmann-Verbrennen erweitert wurde. Schon Wochen zuvor waren die männlichen Jugendlichen im Wald unterwegs, um einen geeigneten Fichtenbaum zu schlagen. Nach dem Fällen wurde er dann mit Hilfe von Handkarren in einen Schuppen verfrachtet, wo er zum Trocknen aufbewahrt wurde. Nicht selten gab es zwischen den Ortsteilen oder Nachbardörfern heftige Rivalitäten: »Wir beobachteten das Geschehen im Mitteldorf ganz genau, wussten meistens, wo der Baum gelagert war und waren auf Streiche aus«, so ein 78jähriger Pronsfelder. Zweimal war es den »Oberdörflern« in den 50er Jahren gelungen, den »Gegnern« im Mitteldorf die Sache gründlich zu verderben: Als man den »schönen Baum« für den Sonntag zum Burgplatz transportieren wollte, traf man auf vier Teile. Umgekehrt gelang es den Mitteldorfern, in der »Nacht der Nächte« vor dem Burgsonntag den »Holländern« das Burgloch zuzuschütten, und das mit Abfällen und Stallmist!

Viele Streiche, Schauergeschichten und Anekdoten ranken sich um das fröhliche Treiben. So wird bis heute von erlebten »Steckelchern« erzählt. Auch sollen »die jungen Wilden« am Burgsonntag kräftig geraucht, viel getrunken und zahllose »Schinken geklopft« haben. Denn nach dem Abbrennen der Burgfeuer ging es mit Gesang ins Dorf; wo ein jung vermähltes Paar »den Kuchen gebacken hatte«. So sagt man bis heute, nur: die Zeiten haben sich gewaltig geändert. Früher verstand man unter »Kuchen backen« Waffeln, Nuutsen und Pfannekuchen, heute sind es denn schon eher feine Torten, Gebäck und Edles zum Trinken. Geschichten machten hier die Runde, die rußgeschwärzten Gesichter taten ein Übriges »fürs Ambiente«.

Und dann, nach getaner Arbeit und kräftigem Schmaus, ging es raus ins Freie, um ein deftiges »Schinkenklopfen« auszutragen. »Hier hat es manchen Hieb gesetzt und einige Hintern konnten am nächsten Tag in der Schule noch nicht richtig sitzen«, so ein Senior, der sich noch an alle Einzelheiten bestens erinnern kann. »Auch das Rauchen hat uns zugesetzt«, sagt er weiter, »wir wollten einfach einmal so sein wie die Erwachsenen«.

Viele Brauchhandlungen haben sich bis heute erhalten. Das Baumschlagen und -wickeln, das Wachen am Feuer, das Burgloch ausheben, das Entzünden und das nächtliche Zeremoniell. Spannend wird es dann gegen Abend, wenn die Dunkelheit eingesetzt hat und alle auf den großen Moment warten, wenn der Baum entzündet wird. Dies geschieht bis heute mit einer Wurffackel, die möglichst oben am Baumkreuz einschlagen soll. Früher gehörte das Singen und der Tanz um den brennenden Baum dazu, das ist heute verschwunden. Geblieben ist dagegen das Beäugen der Nachbarn: Wer fängt zuerst an? Die Oberdörfer, die Holländer, die »Lingeber«, die »Pitteber«? Am nächsten Tag heißt es dann unter den Schuljungen wie immer: »Us Burich wor die schungst und die jrusst, us braant am langsten, dir word die bangsten…«

Und wer kennt noch den mundartlichen Heischespruch? Also aufgepasst, Burgjungen:

Lire lire, lotter,
een Kletsch Botter,
Speck ous dem Hoarscht,
Mell aus dem Hegger,

Melich ous dem Kiehogger,
Eier ous dem Nast,
die Huhner han et vol jeloarscht.

Et Evangelijum von d'r Jeburt vom Chresskindchen – nierjeschriwen vom Evangelist Lukas

Von Schröders Achim ous Prourselt

Zu derr Zejt, wu uus Chresskand, dän Erliser, jeborre sold jenn, du juuf Kaiser Aujustus e Befehl erous, dat et Volik am jaanzen Laand jezaahlt solt jenn. Datt woar de iersch Bestaandsopnahm, die durich Quirinius, den domolijen Vertreter vomm Kinnich a Syrien virrjehollt juw. Et juunge all Lekk hin, em sich anzemellen, jiddereene juung a se Doref udder un a sing Stadt.

Un so juung och (Josef) Jupp von Galiläa ous d'r Stadt Nazareth noh Judäa an de Stadt vom David, die huusch Bethlehem. Hän mud sech nämlich do amellen, weijl häh kum jo ous d'm Hous un d'm Geschlecht vom David. Mat beij him wor och Maria, sing Verlobt und die wor zu d'r Zeit hieh schwanger.

Kaum woren se doh akunn, kum Maria nier und broarscht hirre Jung ob de Welt. Maria schluch dat klee Kand a Windelen ann und loarscht et donoh an en efachen Viehstaal matt ner Fuderkripp, se haaten nämlich keen Herberch jefond, wu se ennerkunn konnten. Se woren matt vielen anneren Leggen no Bethlehem kunn und et wor alles iwerfüllt. Vielleicht woren de Lek och misstrouisch udder hartherzich jendiwer d'm junge Päärchen, dat och net viel Jeld dabei haat, firr zu bezalle.

An derselwer Jäjend, wu de Staal stuhn, an demm de Heilisch Famillisch ennerku woar, woaren och etlich Leck, die de Schof huden, bei hirren Härden firr se ze hieden.

Un ob emol stun en Engel firr hinnen un all juufen von Gott singer Herrlichket ajestrahlt. Sej haaten ob emol jruus Angst und erfierten sech. Dat such dän Engel und du sot hän zu hinnen: »Dir brocht keen Angst ze hann! Ech kaan esch en jruus Freud matdeelen, von derr et jaanz Volek erfüllt jet: Hock ass an der Stadt Davids d'n Heiland jeborren, Christus, uhsen Här. Un dat sol esch als Zeechen dienen, wenn dir hän suche jot: Dir werd e klee Kand fannen, dat a Windeln ajewickelt as und an em Rof leijt.«

Un ob emol wor bej d'm Engel en jrus Schoar von himmlische Gestaalten, die lowten uusen Herrjot un soten:

»Ehre sei Gott in der Höhe, und auf Erde Friede den Menschen, die eines guten Willens sind!«

Subal die Engel rem an d'n Himmel zereckjekiert woren, schwaaten die Männ, die den Schof huden, matenej und mienten: »Lot uus no Bethlehem john und kucken, watt do pasiert ass, ob daat suh alles stemt. Und sej juungen flot dohin un se hann Maria, Jusep un dat Kand, datt an d'r Kripp luch, jefond. Un wie se doh woaren, verzahlten se, watt hinnen iwwer dat Kund jesoht jä woar. All Leck, die daat huurten, staunten iwwer daat, watt die Hiert hinne verzaahlt hann. Maria ewwer behul all di Wurder an hirrem Herz. De Schofsmänn ewwer muuten rem zereck bej hirr Schof un seij han d'n Herrjott jelowt und jeprisen firr daat watt sej jehuurt und jesiehn hann un watt mer hinnen verzaahlt hat.

Tradition ass net das Festhaalen an der Aisch,
villmieh datt Weggerjenn von d'r Flamm!
Freij no d'm Thomas Morus

Die Schafe mussten das Christkind warmhalten

Chreskenchen un de Schof

Der Begriff »winachten« wird bereits in Kirchenweistümern des 15. Jahrhunderts erwähnt. Jedoch hat er sich in der Westeifel erst in den 40er Jahren dieses Jahrhunderts durchgesetzt. Ganz und gar üblich waren bis dahin die Bezeichnungen »Chresdaach« und »Chrestowend«. Dass der Begriff »Weihnachten« die gesprochene Mundart erst so spät erreichte, mag daran liegen, dass er nur in den grundherrlichen Klöstern verwandt wurde.

Höhepunkt des hochheiligen Festes, das in früherer Zeit jedoch nie die heute erreichte Emotionalität erreichte, war die Mette zur Mitternachtsstunde. Allen Priestern war das Recht zugebilligt, an Weihnachten drei Messen zu lesen, was die Besonderheit des Tages hervorhebt. Erst nach der Aufklärungszeit verlor die Mitternachtsmesse an Ansehen, sie wurde vielfach verschoben oder fiel ganz den neuen Gedanken zum Opfer. Dagegen erlangte die häusliche Familienfeier mehr Geltung, das Gesellschaftsleben ruhte in der »heiligen Nacht« vollkommen. Wirtshäuser des Trierer Kurfürstentums mussten in dieser Nacht schließen, da Missbräuche und Störungen immer wieder Anlass zur Klage gegeben hatten.

Den Wunsch der kirchlichen Behörde, die Vorbereitung auf Weihnachten mehr »geistlich« auszurichten, erfüllten als erstes die Krippen mit der Figur des Christkindes. Die erste Krippe in der Westeifel dürfte im Kloster Niederprüm gestanden haben; denn eine Kirchenrechnung aus dem Jahre 1621 spricht von einer »Christ. Wiegelin«. Bei dieser Krippe handelt es sich um eine volksfromme Verbindung von weihnachtlichen Liedern mit einer Kindfigur, die beim Absingen hin- und herbewegt wurde. Weitere Rechnungen bezeugen das Vorhandensein einer Krippe (Butzweiler, Himmerod, Luxemburg). Das »Christkind« kam im Jahre

1693 von Trier nach Büdesheim und 1749 von Köln nach Bleialf, wie Oster berichtet. Im Laufe des 19. Jahrhundert erreichte es dann alle Pfarrkirchen und die Filialkapellen der westlichen Eifel. Es waren anfänglich sehr bescheidene Darstellungen mit einer Figur des Christkindes, Mariens und Josephs, Ochs und Esel. Erst seit den 20er Jahren dieses Jahrhunderts trat es seinen Weg in die Häuser an und ließ sich in den Wohnstuben nieder. Der »Christbaum« erwarb sich erst in den Jahren nach dem Ersten Weltkrieg Anerkennung in den Familien des Eifellandes. Nur Lehrer und Pfarrer hatten zuvor einen »Weihnachtsbaum«, geschmückt mit Äpfeln, Birnen, Nüssen, Backwerk und Kerzen. Erst vor wenigen Jahrzehnten kamen Lametta und Glaskugeln hinzu und die Popularität nahm ständig zu. Auch in den Kirchen zog der Baum ein, nachdem bis um die Jahrhundertwende Walddistel, Wacholder und Tanne an hohen Festtagen das Gotteshaus schmückten.

Den oft weiten Weg von den Filialdörfern zur mitternächtlichen Mette in der Pfarrkirche legten die Menschen mit einer Laterne zurück. Außer ihrem praktischen Wert als Lichtquelle besaß sie in dieser heiligen, aber auch unheimlichen Nacht (Volksglaube an umherirrende Seelen: »Geistermette«) eine abwehrende Kraft. Das Gehen ohne Licht galt als eine besondere Mutprobe.

Die Glocken besaßen ebenfalls diese Abwehrkraft und läuteten bereits eine Stunde vor Mitternacht. (M. Zender berichtet hierüber aus Habscheid und Bleialf, S. 38 und 50.) Die Anwesenheit von bösen Geistern gab den Teufelsbeschwörern und Geisterbannern willkommene Gelegenheit, ihre Kunst auszuüben, wie Zender aus Orlenbach und Densborn zu berichten weiß; Haselruten hatten eine besondere Zauberkraft. Der Volksglaube der Weihnacht haftete in besonderer Weise an Quellen und Wasser. Den Quellen und Brunnen wurde eine hervorragende Segenskraft zuteil. Wer das Vieh in der heiligen Nacht zum Brunnen führte, konnte eine Fülle von Segen erhoffen. Besonders mit den Pferden eilte man zum Brunnen, um sie vor Krankheiten, vor allem dem Kropfleiden, zu schützen. Wasser wurde geschöpft und gegen »Grind« (Milchschorf der Kinder) eingenommen, wie aus Daudistel und Mettendorf überliefert ist. Die Heilkraft fließender Gewässer gegen Fallsucht wird auch aus der Osteifel (Maria Laach) bezeugt, wo man nach der »Badekur« die Kleider wechselte und die abgelegten Schuhe an arme Leute verschenkte (N. Kyll, unveröffentlichtes Manuskript).

In Anlehnung an »Ochs und Esel in der Krippe« gibt der Eifeler Volksglaube den Tieren an »Chresdaach« einen erhöhten Stellenwert. Die heilige Nacht nimmt den Tieren ihre Stummheit und lässt sie reden. Nach luxemburgischem Erzählgut gilt dies sowohl für die Haus- als auch für die Wildtiere.

In der Westeifel unterhalten sich die Tiere über das Christkind:

Der Hahn: »Christus ass jeburren«
Der Hund: »Wu, wu, wu?«
Die Ziege: »Zu Bätlähäm«
Das Huhn: »Jot seij Dank, Jot seij Dank!«

Chresdagliedche vo friejer

Oh, dau, me kla Kand,
nu schlof es e Saatz,
Wat leist dau su gaanz,
op eiiskaaler Plaaz.
Kle Kriemelche dau,
bas Marei sei Schaatz,
nu maach well dei Lichtcher scheen zu.
Sed ruhisch, dat Kand

hät gäre sei'n Ruh,
oh dau, mei leif Kand.
Marei bett fir ees.
Kyrie eleis.

Oh dau, me kla Kand,
wän hät es gedoscht?
Schlof fest op dei'm Strieh,
gett frostisch dies Noscht,
dei Stäre steht hie,
mir dohn op dech oscht,
nu maach well dei Lichtcher schee zu.

Sed ruhisch, dat Kand
hät gäre sei'n Ruh,
oh dau, mei leif Kand.
Marei bett fir ees.
Kyrie eleis.

Chresdagmorjen

Von Peter Zirbes

Op Chresdagmorgen wor et kaalt
on ziemlich hart gefroren,
do krieht den Hahn an aler Freh:
»Den Heiland as geboren!«
Do billt den Hond: »Wuwu, wuwu,
wu as en dann se fannen?«
Do bläzt de Geeß: »Zo Bädleheem«,
on blief ne langer hannen.
Den Hond, dä sät: »Ich lofen dor,

on wär et honnert Stonnen,
on leckt em sei kal Feeßcher worm,
wann ich en hätt' gefonnen.«
Do sät den Hohn: »Ich zeert en schien
mat Fädern sonnergleichen.«
Do sät de Geeß: »Ich giev em Melch;
Sant Jusep soll mich streichen!«
On wat geß dau, o Menschenhand,
deim Gott aus dreiem Herzen?
Wells dau an Send on Onverstand
dei Sielenheel verscherzen?
Dau brauchs net iwer Land on Meer
no Bädleheem se rennen:
Den Heiland fendst de iweral,
wann dau en wells erkennen.

Dän aahle Melichbock verzellt vo friejer

Es war einmal – so könnte ich heute wohl von mir sagen, denn: mich gibt es längst nicht mehr. Seit etwa 50 Jahren bin ich aus dem Dorfbild in der Eifel verschwunden.

Früher kannte mich jeder Mensch, selbst das kleinste Kind im Dorf. Jahrezehnte lang war ich ein unverzichtbarer Diener meines Herrn: »Herr«, also mein Bauernchef oder Nebenerwerbslandwirt – für ihn hielt ich meine Knochen täglich hin. Oder besser gesagt: Mein Körper war ein hölzernes Skelett, mein Dach ein bequemer Sitz für die Milchkannen. Eine schwere Last für mich, der ich ja nur vier Zaunpfähle als Beine unter mir hatte – ohne große Statik und wertvolles Gehölz.

Je nach Größe des Betriebes trug ich so zwei bis zehn eiserne Milchkannen. Manch eine Kanne hatte 10, andere hatten 30 Liter Milch intus. Gesamt betrachtet trug ich also bis zu sieben Zentnern! Darum nannte man mich auch – durchaus pietätvoll – »Bock«, weil ich diese immense Last zu »buckeln« hatte.

Mein Stellplatz war seitlich des Bauernhofes, direkt an der Straße und somit vom »Milchauto« gut zu erreichen. Mein Chef stufte meinen exponierten Platz als Ehrenstätte ein, denn als Bock war ich so etwas wie die Kreissparkasse meines Bauern. Hier wurde Milch gegen Geld umgesetzt – für den früher so geplagten und nicht selten armen Landmann eben eine echte »Bank« – mit Gewinngarantie.

Morgens – in Pronsfeld, Dorfstraße 20, 60er Jahre – wurde ich meist gegen 10 Uhr von dem Druck befreit, dann fiel mir eine Riesenlast von den Schultern. Der fleißige Milcheinsammler, ein stämmiger Mann in den Dreißigern, erlöste mich von allen Kannen, indem er sie – nicht ohne heftiges Keuchen und Husten – auf den LKW bugsierte, mich dann zurückließ und zum nächsten Standort fuhr. Manchmal hatte ich Mitleid mit dem wackeren Kämpfer – ich selbst fühlte mich danach saugut und genoss den Sommer- oder Wintertag mit den Gefühlen eines Lebewesens.

So weit zu meiner Funktion als Dienstleister. Für die tapferen Landmänner und -frauen war ich also ein unverzichtbarer Schaffer, doch auch andere Dorfbewohner wussten mich zu schätzen. Mal hielt es eine Schar mitteilungsfreudiger Frauen an meinem Ort fest, mal qualmten die Männer in ihrer Arbeitspause ein Pfeifchen zu meiner Freude. Mein Leben hätte nachmittags und abends nicht bewegter sein können! Ich war so etwas wie Rastplatz mit »Quatschgarantie«.

Doch besonders freute ich mich über den täglichen Besuch der Dorfkinder. Frohes Toben war angesagt! Auf- und Abspringen, umlaufen oder sitzend einander kitzelnd oder stichelnd – ich war als »Kindersitz« sehr gefragt und oft der Mittelpunkt fröhlicher Kinderspiele.

Abends genoss ich den Sonnenuntergang über der Westeifel, erfreute mich am ersten Schnee oder an den Frühlingsboten zu meinen Füßen. Ein ganzes »Nest« von Schneeglöckchen lugte unter mir hervor und gesellte sich den ersten Veilchen. Husch, husch, auch eine Maus, sogar ein Igel hatte sein Winterquartier unter mir gefunden. Unter verwehtem Laub genoss er seinen Winterschlaf.

Vorbei ist es mit meinem Leben und Dienen, längst bin ich, wie so Vieles andere auch, einfach weggeworfen und friste seither ein tristes Leben in der alten Scheuer.

Gedicht zum Pfund

Kennt ihr noch das Pfund – das früher war in aller Mund? Ein eigenes Zeichen hatte man kreiert – damit hat es mächtig imponiert. Bei einer Rechnung mit Gewichten konnte man nicht auf das Pfund verzichten. Mit ihm gelang es zu beweisen – dass 1 Pfund Federn so viel wiegt wie 1 Pfund Eisen. Doch heute fühlt sich das arme Pfund gar nicht mehr so gesund. Es wird auch arg geschunden – im ewigen Kampf mit den Pfunden. Das kleine Pfund wüsste gern den Grund – warum es nicht mehr wird geehrt – nur in mancher Währung noch begehrt. Schnöde wurde es degradiert – sein Zeichen einfach ausradiert. In der Schule lehrt man es nicht mehr – das kränkt das Pfund nun wirklich sehr. Doch liebes Pfund – gib nur nicht auf – stehst auch auf keiner Tafel mehr drauf – solang es noch pfundige Sachen, Pfundsmadel und Pfundskerle gibt – bist du immer noch beliebt. – und auch der Pfundstopf!

Su woar dat emol …

Dat Jrimmelchen mecht sing Liechtcher fein zu

Liecht ous, Liechtcher zu! So hieß es vor genau 60 Jahren, wenn Mutter Agnes dem kleinen Bub »Gute Nacht« sagte. 30 Minuten zuvor war der Bub noch mit »Pap Pitter« durch den Stall gestreift, hatte mit ihm die 4 Kühe, das Schwein und die Hühner inspiziert und wurde dann vom »Pap« in die Nacht entlassen. Das war tagtäglich ein festes Ritual!

Emma, Frieda, Klär und Schess – das waren die Namen der Kühe, die auch auf dem krummen Eichenbalken im Stall, genau wie deren Geburtsdatum und Vorfahr-Mütter, mit Kreide verzeichnet waren. Pitter konnte die Tiere »blind« benennen – er brauchte nur deren Euter zu ertasten und die Hände zum Melken anzulegen. Unter ihm: ein wackeliges Dreibein, »Melkstuhl« genannt.

Zurück zum »Liecht ous«: »Die Mam« kam ins Zimmer, sagte dem Bub Nacht und ging in die gute Stub, um hier noch zwei Briketts im Herd nachzulegen. Das »Jrimmelchen« war meine jüngste Schwester Brigitte, sie war eine Art Nesthäkchen und wurde als letztes Kind der »Dynastie« besonders herzlich im Leben aufgenommen. Der Schmusename »Jrimmelchen« sagte nichts weiter aus, als dass diese Brigitte ein kleines Restchen vom Kuchen war, eben ein »Krümmelchen«, das man nett herzen konnte.

Die »Liechter« in den Schlafzimmern wurden gelöscht mittels eines Drehschalters, die »Liechtcher« der Kinder gingen zu und man versank im Schlaf. Zurück blieben bei allen vier Kindern und den Eltern die filigranen Eisblumen an den Fensterscheiben, die noch ein sanftes Licht ins kalte Zimmer ließen.

Demelich

Wie sagt der Volksmund: »Dummheit ist eine natürliche Begabung …«

Der Eifeler sagt:
Oo, watt bass dou su demelich!

… und meint (sinngemäß):
Menschenskinder, bist du eine geistige Nullnummer, ein geistiger Nichtschwimmer ohnegleichen, du Doppelnull mit 0-IQ-Prädikat aus dem IQ-Prekariat, du König der Dummen und Dämlichen!

Oder:
Oo, watt sed'ir su deemelich, so!

Mit dieser Redewendung drückt der Eifeler seine absolute, uneingeschränkte und uneinholbare geistige und sonstige Überlegenheit aus. Er grenzt sich damit im Selbstverständnis seiner grenzenlosen Souveränität – zumindest in der Eifel – von der übrigen Welt ab und macht diese zu einer kleinen geistigen Provinz der Eifel von nichtiger Bedeutung.

Demel ausgewachsener Dummkopf

Redewendungen

Demelsaak – Trottel

Demelpitta – Dummpeter

Äh, dou Demelsaak – Mensch, du Trottel

Äh, dou Demelsaak, dou – Mensch, du Trottel, du dummer

Oh, wat bass dou su demelich – Menschenskinder, bist du dumm

Dou bass su demelich datt'e brells – Du bist aber auch so dumm, dass du schreist.

Stell dich net su demelich uun – Stell dich nicht so dumm an.

Deen demelijen Hond lo – Dieser dumme Hund da (noch dümmer als der Dummpeter).

Bass de' bessin dem'lich? – Bist du tatsächlich so dumm?

Von Jürgen Heck, Rheinbach

Deftiges, herzhaftes Mundboxen …

… ist keine Eifeler Sportart, vielmehr gilt es als beliebte Disziplin unter Männern bei Dorffesten, bei der Musik und auf der Kirmes.

Dem Mundboxen gehen oft knappe Redewendungen voraus wie:

»Watt wells dou daan?«
oder
»Watt kucks de daa su demelich?«
oder
»Wells de jett?«
oder
»Ech schlon dech frekkt.«
oder
»Ech schlon dr an de Fress, bass dirr de Zenn am Oarsch klabbern!«

Gelegentlich wird Mundboxen auch eingeleitet mit:
»Dou kress jelech e Fuuß hannebei.«

Wenn »de Wuut« dabei im Spiel ist, wird das Mundboxen auch oft mit der Bemerkung begleitet:

»Sakat Jiss namool, daat hät ech net jedoarscht. Wees de waat? Dou kaans mech mol am Oarsch lecken …"

Eifeler Spruch:
Braantwing, du luderisch Krout, hass su manchen an den Dreck jedout«.
(Brandwein, du hinterlistiges Kraut, hast so manchen in den Dreck gedrückt).

Der Burgsonntag

Der erste Sonntag in der Fastenzeit verdankt den obigen Namen dem so genannten Burgbrennen, einem alten Brauch, der von seiner Ursprünglichkeit noch wenig verloren hat und dies bis heute vielerorts in Ehren gehalten wird. Am Nachmittag ziehen die Schulbuben von Tür zu Tür und sammeln Stroh, Reisigschanzen und Stangen »zur neuen Burg«, zum Burgfeuer. Dabei singen sie:

In Ihren:

Stroh, Stroh zur neuen Burg,
Die alte ist verbrannt,
Die neue kommt ins Land.
Wir haben ein Kind von Stroh gemacht.
Wer soll es taufen?

Der Herr mit den Knöpfen.
Wer soll es loben?
Die alten Frauen all hinter dem Ofen.
Gebt uns ein Strohbund wie ein Pferdeleib,
Dann ist euer Korn das andere Jahr zuerst reif.

In Arzfeld:

Jetzt treten wir in diesen Hof,
gebt uns eure Eier,
dann begehren wir eures Mehls keins;
gebt uns euer Mehl,
dann begehren wir eures Speck keinen;
gebt uns euren Speck,
dann begehren wir eurer Milch keine;
gebt uns was und lasst uns gehn,
wir haben der Türen noch mehr zu begehn.
Stroh, Stroh zur neuen Burg usw.

In der Umgebung von St. Vith:

Gebt uns was in diesem Haus,
gebt uns ein etwas dickes Strohbund;
gebt uns Heu, gebt uns Stroh!
Die alte Burg ist verbrannt,
die neue kommt ins Land.

In Reuth:

Nun Freude, Freude überall
auf dieses Tages Schein;
wir bringen jetzt der Freude viel,
drum lasst uns fröhlich sein!
Ja, heute lasst uns fröhlich sein!
Wir treiben Scherz und Spiel;
der lang gewünschte liebe Tag
verschafft uns viel Freud.

Hier kommen wir, hier stehen wir
und haben ein Körbchen feil;
o liebe Leut, erbarmet euch
und gebt uns etwas drein!

Nach Empfang der Gaben:

Wir danken euch für diese Gaben,
die sie uns gegeben haben.
Wir bitten auch Gott vom hohen, hohen Thron,
dass er euch auch gibt den großen Lohn.
Sollen wir denn nicht fröhlich sein
und uns der lieben Jugend freun!

Der Eifelriese Kakus, der Held Hermules und die schöne Fey

Von Sophie Lange

Zwischen Venn und Rhein in der Nähe des Dorfes Eiserfey im Kreis Schleiden ragen gewaltige Felsmassen über das angrenzende Tal des Feybachs empor. Im Innern eines Berges aus lauter Felsgestein birgt der Fels zwei Höhlensäle mit urgewaltiger Wölbung aus Stein. In der größten Höhle lebte in alter Zeit ein weit und breit gefürchteter Hüne, der Riese Kakus. Alle, die durch das Tal zogen, mussten dem Riesen ihr Hab und Gut als Tribut entrichten. In der zweiten Höhle wohnte ein bärtiger Jäger mit seinem lieblichen Töchterlein Fey.

Als einst ein Hirtenknabe zwei Lämmlein durch das Tal trieb, wollte der Riese Kakus auch ihm die Lämmlein abnehmen, und alle Bitten des Hirtenknaben blieben vergeblich.

Da trat Fey hinzu und flehte den Riesen an, die Lämmlein zurückzugeben. Kakus ließ sich erweichen und versprach, künftig keinem mehr sein Hab und Gut wegzunehmen.

Im Osten lebte damals die alte Göttin Jola, die einen Sohn gebar, den sie Hermules nannte und der bald zu einem kräftigen Riesen heranwuchs. Man pries ihn bald als den stärksten Helden, der in allen Kämpfen Sieger blieb und dessen Trachten immer mehr auf Abenteuer in der großen Welt hinausging. Er stand auch bei allen Frauen in Gunst, aber nirgendwo fand er die Rechte, obschon er die ganze Erde durchzog, um die Schönste zu suchen, die ihm gefiel. Nach langen Wanderungen zurückgekehrt, bat er seine Mutter Jola, sie möge die Sterne befragen, wo die Schönste auf Erden weile. Jola fand in der nächsten Mitternacht die Deutung im Spiegel der Sterne und sagte: »Dort drüben im Germanenland, wo fließt der Vater Rhein, man stets die schönsten Jungfrau'n fand«.

Hermules gürtete darauf sein Schwert und zog zum Rhein. Als Hermules bis zum Bodensee gekommen war, frug er den Vater Rhein, wo die Schönste der Jungfrauen wohne. Vater Rhein erzählte ihm von der schönen Loreley am Rheine, doch schöner noch als diese sei die liebe Fey im Eifeler Walde. Aber alles Werben um sie würde umsonst sein, da ihr Vater sie nicht hergäbe und der Riese Kakus sich ihrer Entführung mit allen Mitteln entgegensetzen würde. Hierauf wurde das Begehren des Hermules nur noch stärker, und er drohte, den Hünen Kakus zu erschlagen, wenn er sich zur Wehr setzen würde.

Erschreckt über diese Drohung, bereute Vater Rhein seine Worte, und er sandte schnell eine Nixe den Rhein herunter, um die Bedrohten zu warnen. Drunten am Rheinufer traf die Nixe einen Hirten, dem sie Kunde gab von der drohenden Gefahr und ihn bat, zur Felshöhle zu eilen und Fey und Kakus zu warnen. Der Hirte, der derselbe war, dem Fey damals die beiden Lämmlein wiederschenkte, freute sich, seine Dankbarkeit erweisen zu können und überbrachte schnell die Nachricht zur Kakushöhle.

Kakus kannte keine Furcht, und er rüstete sich, Hermules zu empfangen. Mit Speer und Keule bewaffnet, hielt Kakus von früh bis spät auf der Felsenplatte Ausschau nach dem fremden Riesen. Endlich kam dieser daher und kaum waren die beiden Hünen ihrer ansichtig geworden, da prallten sie auch schon aufeinander. Stundenlang ging der Kampf mit Keule und Schwert hin und her. Sein Toben drang bis tief in die Höhle, wohin Fey in banger Erwartung und Sorge sich geflüchtet hatte.

In ihrer Verzweiflung stürzte sie schließlich aus der Höhle heraus und warf sich zwischen die beiden Kämpfer. In diesem Augenblick zückte Hermules von neuem sein Schwert, und der tödliche Stahl traf gleichzeitig Kakus und Fey, die beide sterbend zusammenbrachen. Hermules verließ mit schweren Wunden bedeckt die Blutstätte, um seiner Heimat wieder zuzustreben. Doch eine Weile rückwärts in der Richtung zum Rhein starb er an starker Verblutung auf dem heutigen Hermesstein. Heute erinnert an ihn noch der Flurname »Hermesberg« im Dorf Weyer, in dessen Gemarkung die Kakushöhle liegt; im nahen Harzheim findet sich ebenfalls der Flurname »Hermesberg« und in Weiler der »Hermesstein«.

Dort, wo Kakus und Fey ins Grab gesunken, ist der klare Feybach entsprungen, dessen Wasser zum Rhein rollen. Der Name der Fey blieb allezeit geehrt, und ein herzliches und liebliches Mädchen nannte man früher nach ihr stets nur Fei. Die schönste der Schönen aber hieß Fee, und man sagt, dass dort, wo die Fey gelebt, die Heimat der Feen gewesen ist.

Der kleine Quälgeist

Von Grete Gaspers

Als ich ein kleiner Junge war,
da quält ich Mutter sehr.
Ach, liebe Mutter, sag mir doch,
wo kommt die Sonne her?

Die Sonne, ach, das siehst du doch,
die kommt von Orlenbach.
Dort, wo die alte Kirche steht,
scheint früh sie über's Dach.

Und wenn sie abends untergeht
und feuerrot da drüben steht,
und wenn sie schließlich ganz verschwindet –
weißt du, wo man sie dann noch findet?

Ach, lieber Junge, dann
ist sie bestimmt beim Schwarzen Mann.
Da schläft sie ein in guter Ruh,
er deckt sie mit den Wolken zu.

Nun, liebe Mutter, sag geschwind,
wo kommt denn her der Wind?
Dort oben auf der Schneifel
Hat auch der Wind sein Haus.
Da bläst er wie der Teufel,
reißt manchen Baum dort aus.

Und wenn es schrecklich regnet
so große Pfützen voll?
Der liebe Gott dann segnet
das Korn, das wachsen soll.

Glaub, einmal wird es regnen,
du wirst es ja noch sehen,
Die Prüm, die Alf, der Bierbach
werden über's Ufer gehen.

Dann wird das weite Prümtal
ein riesengroßer See.
Ich ahn' schon, wie wir beide
dort bei dem Wasser stehen.

Dann bau ich mir ein Schifflein
und fahr ganz weit hinaus.
Doch abends, wenn es dunkel wird,
komm ich zu dir nach Haus.

Es war an einem Sonntag,
als wir zur Kirche gehen,
da bleib ich auf dem Kirchplatz
wie angewurzelt stehen.

Da rief ich voller Freude,
oje, es hat geschneit.
Wie kann es denn jetzt schneien?
Es ist doch Sommerzeit!

Die Mutter hob den Finger,
die Antwort fiel nicht schwer:
Hör auf mit dem Gebappel,
der Schnee kommt von den Pappeln
und jedes Jahr kommt mehr.

Prüm und sein Hanswurst

Der Hanswurst ist die Zentralfigur des Prümer Karnevals. Nach der Überlieferung handelt es sich um eine derb-komische Figur des deutschen Theaters im 18. Jahrhundert. Später wurde daraus eine einfältige männliche Person, die sich durch ihr Verhalten meist lächerlich machte. Wieder etwas später mutierte der Hanswurst zu einem Sympathieträger, den jeder mochte und dem heimlich kleine Geschenke zugesteckt wurden.

In früherer Zeit hatten die Bürger zu Karneval einmal im Jahr Gelegenheit, ihren Oberen ungeschminkt die Meinung zu sagen, sie zu hänseln und die Zustände zu kritisieren. In Prüm traten die Wortführer als die Prümer Hanswürste auf. Gekleidet wie die Hofnarren maskierten sie sich sorgfältig, denn unerkannt fühlten sie sich sicher vor möglichen Vergeltungsmaßnahmen der vielleicht allzu sehr gefoppten Herren. Im Laufe der Zeit bildete sich in Prüm aus den Bürgern im Dienste der Abtei eine Gruppe, die jährlich die Prümer Hanswürste stellte – man könnte sie als die erste organisierte Prümer Karnevalsgesellschaft bezeichnen.

Anmerkung: Außer im Karneval hat sich der Hanswurst noch auf der Speisekarte eines guten Restaurants in Prüm erhalten.

Die aal Kaneck

Kaneck hieß früher die Bremse am Leiterwagen. Diese Wagen aus Holz, die jahrhundertelang von den ortsansässigen Handwerkern wie dem Wagner und dem Schmied gebaut worden waren, wurden für alle Transporte wie z.B. Holz, Garben oder Heu eingesetzt. Gebremst wurde mit einem Balken, der an die Eisenreifen der Räder gedrückt wurde. Diese Bremse wurde anfangs durch eine einfache Hebelübersetzung betätigt, später wurde mit einer Kurbel gebremst. Schwere Wagen hatten zwei Kanecken, die hintere wurde am Ende des Wagens betätigt – der Bremser ging deshalb einfach hinter den Pferde- und Ochsengespannen her.

Die Bitburger Geeßenströpper

Von Hans Theis

Es war in dem großen Kriege, den man den Dreißigjährigen nennt. Damals erschien unverhofft eine Schar schwedischer Reiter vor den Toren der Stadt Bitburg und begehrte Einlass.

Die Bitburger verweigerten die Übergabe, worauf der Feind die Stadt einschloß und belagerte.

Es kam nun eine harte Zeit für die Bitburger; denn nach wenigen Wochen waren fast alle Lebensmittel aufgebraucht, und die Not war täglicher Gast an den Tischen der Bürger. Schließlich mussten sie sogar die Ziegen schlachten, deren Milch sie bis dahin ernährt hatte.

Schon wollte der Rat der Stadt Bitburg die Übergabe an den Feind beschließen, als ein Ratsherr noch einen letzten Vorschlag unterbreitete. Auf seine Anweisung hin bekleideten sich die jungen Burschen der Stadt mit den Fellen der geschlachteten Ziegen. Die gehörnten Köpfe der Tiere befestigten sie an Stangen. Dann stiegen die Jungen auf die Mauer der Stadt und wandelten in langer Prozession, gebückt und die Köpfe auf den Stangen schwenkend, im Angesichte des Feindes langsam um die Stadt.

Die Feinde waren zugleich erstaunt und entsetzt, als sie die vermeintlichen Ziegen wohlgenährt und ihnen zum Spotte wie eine Geisterprozession über die Mauern Spazierengehen sahen. Das könne nicht mit rechten Dingen zugehen, mutmaßten die Schweden und hoben die Belagerung auf.

Die List der klugen Bitburger wurde überall schnell bekannt, weshalb man sie, mehr mit Anerkennung als mit Spott, die »Geeßenströpper« nannte.

Zwing – Zwu – Zwe

So sprach man in der alten Zeit
in deutschen Gauen weit und breit,
so teilt man noch im Eifelland,
was anderwärts wird »zwei« benannt.

Und willst die Sprache du versteh'n,
musst du dir das Geschlecht beseh'n,
von dem die Rede ist im Paar.
Ich mach dir's an Exempeln klar.

»Zwing« Männer sieht der Eifler geh'n,
»Zwu« Frau'n nah bei am Brunnen steh'n.
»Zwe« Kinder kommen noch herbei –
macht Sechs aus »zwing« und »zwu« und »zwe«.
»Zwing« Hunde haben jetzt gebellt,
»Zwu« Kühe kommen aus dem Feld,
»Zwe« Rinder weiden noch im Gras,
macht wieder ein halb Dutzend das.

Du hast »zwee« Füße, drauf zu steh'n,
»Zwe« Beine, drauf zu geh'n,
zu schaffen hast »zwe« Hände du,
der Schlaf macht dir »zwe« Augen zu.
»Zwing« Finger man zum Schwur aufhebt,
ein Lächeln um »zwu« Lippen schwebt,
»zwe« Ohren hat der Mensch am Kopf,
wer's nicht kapiert, der ist ein Tropf.

Als die Kölner Heinzelmännchen in die Eifel zogen

Von Sophie Lange

In alten Schriften ist zu lesen, dass die Eifel früher (das ist exakt ausgedrückt: etwas später als noch früher) ein zurückgebliebenes, unterentwickeltes Land war, in dem Fuchs und Hase sich gute Nacht sagten. Aber es lebten auch Menschen dort; fleißige – und daher arme – Landleute, die tagein, tagaus hinter ihren Ochsen hertrabten und gottergeben die Steine ihres Ackers zählten. »Steine gab's und wenig Brot« ist ein Bonmot der Eifel. Doch heute steht dieses arme Bergland in kulturellem und wirtschaftlichem Bereich auf der höchsten Spitze des Landes, und das sind immerhin 747 Meter.

Wie ist die Eifel dorthin gelangt? Heimatforscher, Archäologen, Geologen und andere logen sich so allerhand zusammen, aber die tatsächliche Ursache ist erst jetzt ans Tageslicht gekommen. Einem großen Eifelsohn, M. M., gelang die sensationellste Entdeckung seit Adam auf den Wurm im Paradiesapfel stieß. M. M. lebt in einem kleinen, idyllischen Eifeldorf, durch das täglich tausende von

PS donnern. Seine Hobbys sind die Heimatkunde und das Computerisieren.

Dieser große Eifelsohn fand eines Tages ein Bild seines Großvaters, genau desjenigen, der meditierend hinter den Ochsen herschlurfte. Er zeigte dieses Bild-Dokument seinem Computer, stellte sich in Wohlstand-Mensch-Position davor und fütterte seinen kleinen Alleswisser mit Steinen und Brot, mit Fuchs und Hase, mit rauen Sitten und mit hoher Kultur. So musste die Lösung für die raketenhafte Entwicklung der Eifel gefunden werden. Als das Elektronenmonster diese deftige Hausmannskost verdaut hatte, spuckte es den Anfang dieses Gedichtes aus:

Wie war in Köln es doch vordem
mit Heinzelmännchen so bequem,
denn war man faul, man legte sich
hin auf die Bank und pflegte sich.

Hätte ein Mensch diese Antwort gegeben, würde man an die Stirn tippen. Ein Computer kann jedoch nicht verrückt sein, er kann höchstens verrückt spielen. Doch der maschinelle Freund von M. M. war ein seriöser Wissenschaftler, der niemals spielte.

M. M. hatte in jahrelanger Nachtarbeit gelernt, bei seinen Computer-Exzessen zwischen den Zeilen zu lesen. So war er Brillenträger geworden. Jetzt zog er den logischen Schluss: Die heiße Spur führt nach Köln.

Der Computer ließ sich nicht im Herunterleiern des Gedichtes aufhalten, und unserem Eifelsohn ging ein 100 Watt starkes Licht auf: Da ließen sich diese Kölner von Zwergen mit echter deutscher Wertarbeit bedienen, während die Eifeler mühselig das tägliche Brot aus der Steinerde lockten! Aber wie dankten diese leichtsinnigen Rheinländer die Arbeit der gewerkschaftslosen, dienstbaren Geister? Der Computer erzählte die Story:

Neugierig war des Schneiders Weib
und macht sich diesen Zeitvertreib:
streut Erbsen hin die nächste Nacht,
die Heinzelmännchen kommen sacht …

Und dann schwieg der Computer diskret.

Am nächsten Tag stand unser forscher Forscher auf der Domplatte in Köln. In der einen Hand trug er einen Sack voll Erbsen, in der anderen den Computer, von dem er sich nie trennte. Er war wirklich sein bester Freund. Ein neugieriges Kölner Weib – es trug sogar den Familiennamen Schneider – war leicht gefunden, und schon bald kollerten die Erbsen die Treppe zum Bahnhof hinunter. M. M. holperte – polterte hinterher und geriet – den Computer hoch über sich haltend – ins Rutschen. Am Treppenabsatz angekommen, wusste er zweierlei mit Gewissheit: 1. Man fällt besser eine Treppe rauf als runter (mit/ohne Erbsen). 2. Die Heinzelmänner und -frauen hatten nach jenem nächtlichen Rutschspektakel fluchtartig das undankbare Köln verlassen, was M. M. auch tat.

Als der nicht mehr ganz so forsche Forscher in seiner Eifelheimat wieder sitzen konnte, setzte er seine Arbeit fort. Durch diffizile Recherchen, spitzfindige Untersuchungen und ausgekochte Computermenüs kamen dann aus dem Kölner Innenleben vergangener Tage folgende sensationellen Entdeckungen ans Tageslicht: Die Flucht des Zwergenvolkes hatte, wie mit Gewissheit vermutet (s. o. Nr. 2), noch in der gleichen Nacht stattgefunden. Eine Taubenfeder, die ein Heinzelhauptmann in die Luft geblasen hatte, bestimmte den Fluchtweg. Mehrere federlose Tauben konnten am Kölner Bahnhof durch Zellenanalyse identifiziert werden. Die Feder landete vor einem unterirdischen Gang.

Der Archäologe unter den Zwergen namens Spitzhacke diagnostizierte auf den ersten Blick ein römisches Bauwerk. Nach einigen Stichproben wusste er, dass dies der Kanal sein musste, aus dem die Kölner Legionäre des Römischen

Reiches Wasser und Kraft aus der Tiefe geschöpft hatten. So verschwanden die Kölner Wichtel zu den Klängen von Heinzelmännchens Wachtparade in das Dunkel der Erde. M. M. entdeckte unzählige winzige Fußabdrücke an diesem Einstieg zum Ausstieg.

Der unterirdische Kanal führte stetig ansteigend zunächst in Richtung Süden, dann ging's in den wilden Westen. M. M. konnte streckenweise die Nachtwanderung auf allen Vieren nachvollziehen.

Die Kölner Aussteiger gingen und gingen, es ward Morgen und es ward Abend, und sie merkten es nicht, denn im Kanal war es dunkel. Doch plötzlich sahen sie ein Licht: Der Kanal hatte eine Öffnung, zum Glück nach oben. Schnell bauten die kleinen Kobolde eine Zwergenpyramide, damit einer von ihnen aus der Öffnung lugen konnte. Nach vielen Versuchen klappte das auch. M. M. konnte an Fußabdrücken nachweisen, dass der untere Wichtel bei dieser Zirkuseinlage Plattfüße bekam.

Als der Spitzenkandidat seine Nase über den Boden streckte, rief er schnarrend: »Ich glaub', ich bin im Wald!« Erstaunt beobachtete der Späher die traditionelle Gute-Nacht-Zeremonie zwischen Fuchs und Hase. Nun wusste das Zwergenvolk, dass es von der weisen, weißen Feder richtig geführt worden war: Der gute Tipp, ein Eifeltrip!

Mit einer raffinierten Wipp – Hopp – Konstruktion (die Forschungen über dieses technische Meisterwerk hat M. M. noch nicht abgeschlossen) landeten die Kleinen etwas unsanft auf dem steinigen Eifelboden. Sie feierten ein zünftiges Wald- und Wiesenfest. Krümel von Pustekuchen und der Duft von Tresterschnaps erzählen noch heute von diesem Festgelage. Zu fortgeschrittener Stunde schworen sie sich gegenseitig, nie und nimmermehr für den Menschen zu arbeiten. Diesen Schwur hielten sie genau sechs Stunden. Denn dann erblickten die Asylanten aus Köln jenen fleißigen Eifelbauern, der hinter seinem Ochsen herzockelte. Mein Gott, wie mussten die beiden schuften! Wie konnten die Eifelbewohner Zeit finden für Fortschritt, Kultur und Umweltvernichtung, wenn sie sich vom frühen Morgen bis zum späten Abend so abrackerten? So kam es, dass die weichherzigen, hilfsbereiten Zwerge ihre ganze Kraft für ihre neue Heimat einsetzten und den Eifelern tatkräftig unter die Arme griffen. Daher die etwas stämmige Gestalt der Eifeler Landbevölkerung, glaubt M. M. Von diesem Tage an sorgten die kleinen Vertriebenen dafür, dass in der Eifel der Fortschritt fortschritt.

Neugierig waren die stets zufriedenen Eifler nicht, besonders nicht zu nachtschlafender Zeit. Erbsen streuten sie ebenfalls nicht; sie liebten viel zu sehr eine deftige Erbsensuppe mit Speck. So konnten die Zwerge fleißig schaffen, ungestört in der schönen Eifel leben und das Land auf den heutigen Wohlstand bringen.

Wie M. M. und sein Computer mitteilen, sagen Fuchs und Hase sich schon lange nicht mehr gute Nacht in der Eifel, denn sie finden kein ungestörtes Plätzchen mehr für diesen alten Brauch. Ochsen werden nur noch gelegentlich registriert. (Es soll jedoch eine hohe Dunkelziffer geben). Nur: steinreich ist die Eifel immer noch.

Soweit die Forschungsergebnisse von M. M., die hiermit erstmals einer exklusiven Leserschar unterbreitet werden. Was aus Köln geworden ist, nachdem es von allen guten Geistern verlassen war, hat der computerisierte Heimatforscher nicht untersucht. Er hat einen Kölle-Koller-Komplex bekommen. Eines steht jedoch fest: Seitdem die Kölner selbst arbeiten müssen, suchen sie noch immer verzweifelt nach den hilfreichen Wesen. Wann immer man nach Köln kommt, stets sieht man sie irgendwo in der Erde herumbuddeln. Am Wochenende und zur Ferienzeit kommen sie sogar scharenweise bis tief in Eifel, wohin sie die Suche nach ihrem verlorenen Glück ausgedehnt haben. Doch sie suchen vergebens, denn die Eifeler hüten ihre geheimen Schätze vor neugierigen Touristen. So trauern die Kölner noch immer ihren Heinzelmännchen nach und jeden Montagmorgen hört man in Köln ein allgemeines Stöhnen:

O weh, nun sind sie alle fort,
und keines ist mehr hier am Ort.
Man kann nicht mehr wie sonsten ruh'n,
man muss nun alles selber tun …

»Drum sitzen die Verliebten am liebsten unter Linden«

»Ich schnitt in seine Rinde so manches süße Wort« – wer kennt nicht den Vers aus Wilhelm Müllers Dichtwerk »Am Brunnen vor dem Tore«. Die Linde gilt bis heute als »Baum der Liebenden«, sein Holz ist bei Schnitzern und Drechslern als besonders weich geschätzt.

44 herrliche Linden zieren in der Pronsfelder Bahnhofsstraße das Unterdorf am rechten Prümufer. Es ist selten geworden, dass man solch eine stattliche Anzahl »in geschlossener Formation« vorfindet. Und dass, obwohl diese einzigartige Baumreihe in der Endphase des Zweiten Weltkrieges besonders viele Splitter »abbekam«. Viele »Beulen« an den Stämmen deuten auf das Eisen im Körper hin, doch alle Bäume haben den Granathagel überlebt.

Die Linde – ein in Deutschland besonders beliebter Baum. Das hat gewiss mit Poesie und Tradition zu tun. Unter dem Schutz der Dorflinde versammelte sich früher die Dorfjugend zum fröhlichen Tanz, in ihrem Schatten hielten Gemeindeväter ihre Beratungen ab. Kein Dorf war früher ohne Lindenbaum, meist in Nähe zur Kirche, zum Dorfbrunnen und zum Mittelpunkt gelegen.

War die Esche den nordischen Völkern, die Eiche den Kelten und die Ulme den Franken heilig, so galt die Linde bei den Germanen und Franken als »geweihter Baum«. Der Juli – Blütenmonat der Linde – hieß gar früher »Lindenmonat«. Linden sind eine besonders gute Bienenweide, das Holz ist als »Schnitzerholz« beliebt, und die Blüten dienen als Grundlage für einen beliebten Tee, der Schweiß austreibt und Fieber senkt.

Auch besitzt die Linde einen besonderen symbolischen Charakter. In vorchristlicher Zeit wohnten Nymphen und Götter in ihrem Blätterwerk, kein Blitzstrahl konnte die Linde treffen, so dass der »duftende Baum« auch Schutzcharakter in sich trug. Unter der Dorfliebe wurde »gakallt«, gekost und krakelt, besonders bei nächtlichen »Sitzungen«. Ihre Rinde trug oftmals Zeichen von Verliebtsein und Heiratsdaten.

Auch funktional hatte die Linde eine große Bedeutung: Aus ihrer Rinde stellten die Bauern Körbe und Bütten her, Bast wurde zu Seilen, Schnüren, Matten und sogar zu Kleidung verarbeitet, das Holz galt als weiches und dichtes Material zum Schnitzen. Linden waren als so genannte »Trachtbäume« Bienenstock und Vorratskammer für Honig.

Verse
300 Jahre kommt sie,
300 Jahre steht sie,
300 Jahre vergeht sie.

Spruch
Unter der Linde auf der Heide,
wo unser beider Lager war,
da könnt ihr finden
gebrochene Blumen und Gras.

Walther von der Vogelweide

So trau'r, du feines Lindelein,
und trau'r das Jahr allein!
Hat mir mein braun's Maidelein verheißen,
sie wöll' mein eigen sein.

Ludwig Uhland

Am Brunnen vor dem Tore,
da steht ein Lindenbaum,
ich schnitt in seine Rinde,
so manches süße Wort …

Wilhelm Müller

Am Brunnen vor dem Tore,
stand einst ein Lindenbaum.
Er weckt in meiner Seele
noch heute manchen Traum.
Kommt, lasst uns alle träumen
von neuen Lindenbäumen.

Elisabeth Badura-Zens

Dummheit ist eine natürliche Begabung

Humor – bitte nicht wörtlich nehmen!

Lieber ne Taube im Bett als ne Blinde auf'm Dach

Wissensfrage: Mit welcher Geschwindigkeit breitet sich Dunkelheit aus?

Wer anderen eine Grube gräbt, sollte nicht mit Steinen werfen.
Wer bis zum Hals in Scheiße steckt, sollte den Kopf nicht hängen lassen.
Wer gegen Aluminium minimum immun ist, besitzt Aluminiumminimumimmunität.

Umwege erweitern die Ortskenntnis.

Wenn Olga ein russischer Name ist, dann heiß ich Vladimir!

Echt Scheiße, dass ich so klug bin!

Ich hab vor kurzem ein Buch darüber gelesen.

wihr brauchn keine lerar wir sin schon sclau gnug.

Lieber heimlich schlau als unheimlich doof!

Früher Wurm wird vom Vogel gefressen.

Diskutiere nie mit Idioten, denn sie ziehen dich zuerst auf ihr Niveau und schlagen dich dort mit ihren eigenen Waffen und das mit Erfahrung!

Entweder ist man Teil der Lösung, oder man ist Teil des Problems.

Alkohol ist keine Antwort, man vergisst beim Trinken nur die Frage.

Ich bin nicht auf der Welt, um so zu sein wie andere mich gerne hätten.
Es gab eine Phase in meinem Leben, da hatte ich keinen Alkohol, keine Drogen. Dann kam ich in die Volksschule …

Alkohol ist keine Lösung, Alkohol ist ein Destillat.

Wer zuletzt lacht, denkt zu langsam.

Wenn Dummheit quietschen würde, müsstest du mit einer Ölkanne rumlaufen.

Wenn mein Hund dein Gesicht hätte, würde ich ihm den A … rasieren und ihm beibringen rückwärts zu laufen.

Woher soll ich wissen, was ich denke, bevor ich höre, was ich sage?

Dummheit ist eine natürliche Begabung.

Lieber hochschwanger als niederträchtig.

Man kann sich drehen wie man will, der A … ist immer hinten.

Armselig ist der, der denkt, dass man nur auf seine Meinung wartet.

Sie: »Als ich heute aus dem Fenster sah, graute der Morgen«.
Er: »Graute es dem Morgen!«

Wer zuletzt lacht, stirbt wenigstens fröhlich.

Das Leben ist nicht immer Sahnetorte, sondern auch mal Knäckebrot.

Unter Einsatz immenser, jedoch bis zum Moment der Aktualisierung des Impulses latenter Energien löste sich die amphibielle Kreatur von ihrem habituellen Standort und verschwand, einer in erster Näherung parabolischen Bahnkurve folgend, in den mehr oder minder transparenten Räumen ihrer Existenz. (Ein Frosch sprang ins Wasser). BOAH!!!

Beleidigungen sind Argumente jener, die über keine Argumente verfügen.
Eine Null kann … ein bestehendes Problem verzehnfachen.

Erst spielten sie am Teich ein Weilchen, dann spielten sie mit weichen Teilchen.

Was halten Sie als Unbeteiligter von Intelligenz?

Auf der Suche nach dem Richtigen kann man viel Spaß mit dem Falschen haben.

Guck nicht so billig – sonst kauf ich dich.

Wenn du am Boden liegst und dich festhalten musst, dass du nicht umfällst, dann bist du immer noch sturzbesoffen.

Alles was kommt, das geht auch wieder.

Ich dachte, ich bin nicht unfehlbar, aber ich habe mich geirrt.

Wer andern eine Grube gräbt ... ist Bauarbeiter.

Dumm ist der, der Dummes tut!

Wenn du weißt, dass du nichts weißt, dann weißt du, dass du etwas weißt, nämlich, dass du nichts weißt.

Wieso können Dummhausener keine 77 schreiben? Weil sie nicht wissen, welche 7 zuerst kommt.

Wer einen Lehrstuhl haben will, darf sich nicht setzen.

Weise ist, wer Weises spricht.

Ich weiß, dass ich nichts weiß.

Abstinenzler sind Leute, die niemals entdecken, was sie versäumt haben.

Lehrer sind Vorbilder und Bilder hängt man auf.

Phantasie ist wichtiger als Wissen, denn Wissen ist begrenzt.

Wenn die Klügeren immer nachgeben, machen wir irgendwann nur noch, was die Dummen wollen.

Wenn Blödheit fahren würde, müsstest du den Berg hoch bremsen.

Kinder sind wie kleine Engel, deren Flügel immer kürzer werden, desto längere Beine sie bekommen!

Ich hab 'nen Tinnitus im Auge, ich sehe nur Pfeifen.

Wer eine nicht für sich bestimmte, quaderförmige Ausschachtung in der Pedosphäre vornimmt, der wird sich deren Sohlbereich unter Einfluss der Gravitation nähern. Kurz: Wer anderen eine Grube gräbt, fällt selbst hinein.

Der Apfel fällt nicht weit vom Pferd.

Der Standpunkt ist ein geistiger Horizont mit dem Radius Null.

Ich bin Atheist – Gott sei Dank.

Eefeler Sprüch

Eine aufgeräumte Frau ist einem Mann lieber als eine aufgeräumte Küche.

Wer sich für andere aufrichtig interessiert, der gewinnt in zwei Monaten mehr Menschen als einer, der sich zwei Jahre lang darum bemüht, andere für sich zu interessieren.

Montag – lass die Arbeit ruh'n,
Dienstag sollst du wenig tun.
Von der gesamten Plackerei
Mach dich dann am Mittwoch frei.
Donnerstag lohnt kein Beginnen,
Freitag sollst du dich besinnen,
dass am Samstag Ruhe sei –
Sonntag hast du endlich frei.

Nach einem guten Essen kann man allen Menschen verzeihen, sogar den eigenen Verwandten.

Wer gut gegessen hat, meint, dass auch die Nachbarn satt sind.

Was man in die Pfanne nicht hineintut, kommt auch nicht heraus.

Zeit haben nur diejenigen, die es zu nichts gebracht haben. Und damit haben sie es weiter gebracht als alle anderen.

Leute, die einem sagen, man solle sich nicht über Kleinigkeiten ärgern, haben noch nie eine Fliege in der Suppe gesehen.

Ein Fisch will dreimal schwimmen: in Wasser, Schmalz und Wein.

Trautes Heim Glück allein

Fünf sind geladen, zehn sind gekommen.

Gieß' Wasser zu Suppe, heiß' alle willkommen.
Bei gutem Essen möchte man am liebsten platzen,
bei schlechtem Essen am liebsten hungern.

Das Essen soll zuerst das Auge erfreuen und dann den Magen.

Der Magen eines gebildeten Menschen hat die besten Eigenschaften eines edlen Herzens: Sensibilität und Dankbarkeit.

Ein gutes Essen ist Balsam für die Seele.

Eine gute Küche ist das Fundament allen Glücks.

Die Königin der Kochrezepte ist die Phantasie.

Die Sauce ist für die Kochkunst, was die Grammatik für die Sprache.

Die Verdauung beginnt in der Küche.

Am häuslichen Herd sei Glück Dir beschert.

Der beste Schatz für einen Mann ist eine Frau, die kochen kann.

Die Küche ist die schönste Zier des ganzen Hauses, glaube mir!

Die Küche rein, das Essen fein. Anders darf's bei mir nicht sein.

Eigener Herd ist Goldes wert.

Ein gutes Mahl lohnt Müh und Qual.

Ist klein der Herd, wenn alles blitzt, kann glücklich sein, wer ihn besitzt.

Jede Gattin, klug und weise, kocht des Mannes Lieblingsspeise.

Kochst Du gut zu Haus, geht Dein Mann nicht aus.

Köchin, spare mit dem Feuer, denn die Kohlen sind gar teuer.
Kohlen sind von großem Nutzen. Musst aber auch den Ofen putzen!

Kommt zu Dir ein Gast, gib so gut Du's hast.

Schau nicht in's Töpfchen, lieber Mann. Die Küche geht Dich gar nichts an.

Von Liebe allein wird keiner satt. Wohl dem, der was zu löffeln hat.

Zum Kochen braucht man Geld und Ruh'. Aber keinen Mann dazu.

Früher hat der Mann der Frau beim Abwaschen geholfen. Heute hilft die Frau dem Mann beim Abtrocknen.

Mama, kochst Du heute Klöße? Ich will doch dann zum Ping – Pong.

Liebe Frau, wie wär's, wenn Du das Essen statt mit Liebe mal mit Geschmack kochen würdest?

Kannst du heute etwas mehr Pudding kochen. Ich wollte doch noch die Fenster verkitten.

Dein Mann kann nicht mit ansehen, wie Du Dich abschuftest. Mach doch die Küchentüre zu.

Ich liebe es mit Wein zu kochen. Manchmal trinke ich ihn auch.

Eifel pur

»Zu ihr will, wunderlich genug, kein Mensch gehören, als die da wegen ihrer Wildheit und Rauhigkeit übel berüchtigt sei. Denn jeder schiebt die Eifel so weit von sich, als wenn von einer ungesegneten Wüste die Rede wäre«.

So beschrieb der Publizist und Dichter Ernst Moritz Arndt im Jahre 1832 die Einstellung seiner Zeitgenossen zur Eifel.

Heute können wir – völlig unaufgeregt – von der Eifel als einer Großregion sprechen, die in Deutschland zu den beliebtesten zählt und im Herzen Europas liegt.

Dafür gibt es zahllose Gründe: Gutes Klima, viele landschaftliche Juwele, Wald, Wiesen, Burgen und endlose Wanderwege, der Eifelsteig, Kirchen, Klöster, Schlösser und Radwege.

Die Eifel – ein kleines irdisches Paradies… ohne Zweifel.

Eifeldorf-Charakter

Noch im Jahr 1960 wird der angesehene Eifeler Volkskundler Adam Wrede mit den Worten zitiert, dass die meisten Eifeler Siedlungen ihren dörflichen Charakter »so wunderbar« bewahrt hätten. Das war wohl auch so, denn bis etwa 1960 fand der technische Fortschritt nur zögerlich Eingang in die Bauerndörfer. Auch die dörfliche Sozialstruktur hatte sich bis dahin kaum verändert, Mobilität hatte nur selten Platz in der Bevölkerung. Neben Landstädtchen wie Prüm, Daun, Wittlich, Euskirchen oder Schleiden waren Kleinsiedlungen, Weiler und Dörfer mit teils bis zu 800, größtenteils aber unter 200 Einwohnern, weit in der Überzahl.

Die Eifeler Hochzeit – kulinarisch

Ein Zeitbild von 1910

Nach der kirchlichen Trauung und dem ersten Tanz wurde der Hochzeitsgesellschaft zuerst eine Scheibe Weißbrot und ein Glas Branntwein vor dem Haus gereicht – als Zeichen der Verbundenheit untereinander. Bald hieß es dann »Zu Tisch! Zu Tisch!« und alle begaben sich ins hochzeitliche Haus. Die alten Leute begaben sich in die »gute Stub«, die jüngeren in die Küche. Nicht selten trafen bei einer großen Bauernhochzeit bis zu 200 Personen zusammen. Das Brautpaar entfernte sich von der Gesellschaft und wurde erst später zum Essen hinzugerufen.

Die Musikanten – in Schürzen gewandet – trugen auf. Folgendes wurde serviert:

- Fleischsuppe, zumeist Rindfleisch, mit Eierstich oder Markklößchen
- Hirsenbrei
- »Sous« – gehacktes Fleisch mit Brühe
- Kalb- oder Hammelfleisch mit reis
- Rindfleisch mit verschiedenen Gemüsen
- Getrocknetes Rindfleisch, meist »Brustkern«
- Hasenpfeffer
- Schweinefleisch, meist Schnitzel oder Kotelett

Danach wurde das Brautpaar zu Tisch gebeten. Nunmehr wurde aufgetragen:

- Getrocknetes, geräuchertes Schweinefleisch, meist Schinken
- Mehrere Spanferkel (auf gesonderten Tischen abgelegt)
- Neues Gemüse

Während dieser dreistündigen Schlemmerei wurde Wein und Bier getrunken. Danach kam der Nachtisch an die Reihe:

- »Gebröts« – schwarzer und weißer Fladen
- Hefekränze
- Torten
- Pudding (meist Schokolade)
- Liköre
- Schnaps

Ähnlich sah auch das Festessen an der Kirmes aus.

Eifeler Humor

Überliefert von Hans Theis

Ein Bauer brachte einem Neuerburger Müller einmal zwei Sack Korn zum Mahlen. Brauch war es früher, dass der Müller als Mahlkosten ein Zehnteil des Getreides behielt.

Der Bauer schaute dem Müller misstrauisch beim Abwägen zu und fragte unvermittelt: »Hott Ihr alt en agerohmten Spitz-buf gesehn?« Auf die verneinende Antwort machte der Bauer klar: »Daat ass, wann e Miller an der Housdier stähtl«

Ein Bauersmann hatte am Markttag in Neuerburg etwas über den Durst getrunken. Auf der Heimfahrt fiel er vom Wagen und verletzte sich innerlich. Man brachte ihn zum Dr. Hubert. Der fragte teilnahmsvoll: »Na, wo haben Sie sich denn weh getan?« Stöhnte der Patient: »Zwischen Neuerburg und Daudistel, Här Doktor!«

Zum Notar Felix Heß in Neuerburg kam ein Bauer, um sein Testament zu machen. Bestimmt und klar gab er an, wie er als Junggeselle sein Vermögen unter seine zahlreichen Neffen und Nichten aufzuteilen gedenke. So sollte der Neffe Hanni 3000 Mark, die Nichte Kathrin 3000 Mark, die Nichte Susann 4000 Mark, der Neffe Pittchen 6000 Mark, der Neffe Klos 6000 Mark erhalten, und so fort. Als aber der Segen überhaupt kein Ende nehmen wollte, sah sich der Notar doch schließlich zu der Frage veranlasst, wo er denn ein solch großes Vermögen überhaupt habe. Worauf das Bäuerlein ganz trocken erwiderte:»Daat han eijch iwerhaupt net, äwer dehan mech all mei Lebtag geärgert un scheckanert, dorfier well eijch se no mengem Dut och nooch e beßchen ärgeren!«

Der Postbus ab Neuerburg ist wieder einmal überfüllt. Eine rundliche Bauersfrau steigt ein und sieht sich vergeblich nach einem Platz um. »Sie haben nichts, um zu sitzen, gute Frau«, sagt ein Fremder, der ihr behilflich sein will.

»Ich habe sehr wohl was, um zu sitzen«, schallt die Antwort, »ich weiß bloß nicht, wo ich's hintun soll!«

Der alte Kann hatte sich aufrecht durch's Leben geschlagen, stand sich aber wegen seiner Aufrichtigkeit und Gradlinigkeit nicht besonders gut mit seinen Verwandten. Als er sterben wollte, erinnerten sich einige Vettern seiner, und zwei machten sich auf den Weg, den Sterbenden zu besuchen. Der Sterbende nahm die Trostworte schweigend entgegen und bat sie dann, sein Bett von der Wand zu rücken und an jeder Seite von ihm Platz zu nehmen. Darauf sprach er mit verlöschender Stimme: »Wall kaan eijch rohig sterwen, wie esen Herrgott zweschen zwing Spitzbufen«.

Ein Trierer Bischof reiste über Land. In unserer Gegend traf er einen armen Hirten, der auf karger Heide seine große Schafherde weidete. Der Bischof erkundigte sich nach seinem Lohn; es war eine erbärmlich kleine Summe. Er meinte zu dem Schäfer, er selber sei auch ein Hirt, aber er verdiene doch viel mehr als der Schafhirt. Der Hirt schien eifrig zu überlegen, um den Fall zu klären. Plötzlich erhellte sich sein Gesicht, und er meinte zum Bischof: »Daan hot Ihr secher de Sei (Säue) mat dobeij!«

Der alte Feechter (Feldschütz) in einem Dorf in unserer Nähe versah seinen Dienst ganz gut, aber mit dem Schreiben stand er auf Kriegsfuß. Eines Tages hatte er einen jungen Burschen zur Anzeige gebracht, weil er den Birnenbaum eines Nachbarn geplündert habe. Dieser wurde bestraft, erhob aber Einspruch bei Gericht, da er sich eines Birnendiebstahls nicht bewusst war. Der Amtsrichter fragte in der Verhandlung den Feldhüter, ob der Junge an den Birnen gewesen sei. »Daat net«, sagte der Feldhüter, »aber der Deiwel kaan Quetschen schreiwen!«

Auf dem Neuerburger Markt verkaufte eine Bauersfrau ein Schwein. Doch hatte sich der Ehemann die endgültige Zustimmung zum Verkauf vorbehalten. Als die Frau nach Hause kam, zeigte sich der Bauer mit der Höhe des erlösten Betrages einverstanden und richtete eine Karte folgenden

Inhaltes an den Händler: »Ich bin mit dem Verkauf meiner Frau einverstanden. Sie können das Schwein behalten!«

Der Ortsbürgermeister erhielt ein behördliches Schreiben, in dem angefragt wurde, ob es im Ort zwei Müller gebe, oder ob Josef und Johann Müller identisch seien. Die Antwort lautete: »Hierorts gibt es nur einen Müller, der den Namen Johann Josef führt. Dass er ein Trinker ist, ist allgemein bekannt; ob er auch identisch ist, konnte nicht festgestellt werden!«

Franz Billmanns Geiz treibt oft seltsame Blüten. Da hat ihm unlängst der alte Hausarzt den Auftrag gegeben, ein Fläschchen mit Urin seiner von Krankheitsfurcht befallenen Frau zu bringen. Mit einer gefüllten Literflasche erscheint er einige Tage später beim Doktor. Der schüttelt den Kopf und meint, etwas weniger hätte auch genügt. Nach einiger Zeit des Wartens im Vorzimmer wird Franz ins Sprechzimmer gerufen. Freudestrahlend erscheint er kurz darauf wieder im Wartezimmer und belehrt flüsternd den dort wartenden Sohn. Diesmal habe er den Arzt aber drängekriegt und billig eine mehrfache Untersuchung erhalten: »D'Mamm as gesond, dou bas gesond, Käth as gesond an'd'Geeß (Geiß) as och nooch gesond!«

Typisch Eefel!

Wanter as die Zeijt,
an der et zu kaalt as,
fir daat zu dun,
wofir et am Summer zu heiß wor.

Der gute Tropfen

Nach Hans Theis

»Den Här as an der Stuv!« – flüstert die Magd der Bäuerin zu, die gerade in der Küche ihres Amtes waltet.

Die Bäuerin erinnert sich: Richtig, diesmal wollte der Herr Pastor selbst die Caritas-Kollekte in den Filialdörfern einsammeln. Eilfertig wischt sie sich die Hände an der Schürze ab und geht in die Stube, um den hohen Gast zu begrüßen.

Der eigentliche Zweck des Besuches ist bald erledigt, und der Herr Pastor macht nach einigen Fragen über Wohlbefinden in Familie und Stall Anstalten sich zu verabschieden. Aber so läßt man einen Gast doch nicht gehen! Die Bäuerin weiß, was sie dem Ruf des obstgesegneten Landes schuldig ist, und auf ihren Wink hin holt die Magd aus dem Schrank der »guten Kammer« die Flasche Selbstgebrannten Zwetschgenwassers.

Die Bäuerin schenkt dem Gaste das klare Getränk ein. Der Herr Pastor, in vielen Jahren seines Wirkens in dem benachbarten Pfarrort ein Kenner der selbstgebrauten geistigen Getränke geworden, nippt leicht an dem Gläschen – prüft noch einmal. Seine Augen begegnen dem fragenden, Lob heischenden Blick der Hausfrau. »Nicht übel«, meint der alte Herr, und ein feines Lächeln geht über sein Gesicht.

Die Bäuerin strahlt. Ja, ihr Mann, der Kläs, versteht das Brennen! »Ein zweites Gläschen gefällig, Herr Pastor?« Der nickt freundlich Gewährung. Um das dritte Glas bittet der »Här« dann sogar selbst. Ein viertes folgt. Freudig und stolz genießt die Bäuerin die Ehre, die der verehrte Gast ihrem Selbstgebrannten und damit ihrem Hause antut. Ein kleiner Schalk sitzt dem Herrn Pastor in den Falten seines freundlichen Gesichtes, als er sich später mit einem besonderen Dank für den »guten Tropfen« verabschiedet.

Zufrieden nimmt die Bäuerin die Flasche und bringt sie zurück in den Schrank des benachbarten Schlafzimmers. Als sie die Tür des Schrankes öffnet und die Flasche zurückstellen will, weiten sich plötzlich ihre Augen. Einen schrillen Schrei stößt sie aus und setzt sich erschüttert auf den Rand des Bettes: Da steht die Schnapsflasche am wohlbekannten Platze; in den Händen aber hält sie, – o Schande –, die Flasche mit Weihwasser, die ansonsten ihren Platz lediglich eine Stufe höher im Schranke hat.

»Sehen Sie«, sagt der Pastor, als er diese Geschichte erzählte, »ich brachte es nicht übers Herz, die gute Frau zu enttäuschen. Und, warum sollte ein Pastor nicht auch einmal Weihwasser trinken?«

Eifelgold

Verfasser unbekannt

Es war in einer Maiennacht,
da stieg vom Himmel der Herrgott sacht
und schritt durch das stille Eifelland.
Die Berge dehnten sich braun und groß,
doch der liebe Gott fand's nackt und bloß
das arme Eifelland.
Er griff in des Himmels blaue Fern
und holte herab viel tausend Stern,
die verstreut er mit gütiger Hand.
Als in der Frühe die Heide erwacht,
war sie mit Golde überdacht
bis an den äußersten Rand.
Der grüne Ginster golden blüht,
am Himmel die Maiensonne sprüht,
voll Gold ist das Eifelland!

Eifellieder

Mathias Caspar Hubert Isenkrahe, geboren am 12. Mai 1844 in Müntz bei Jülich, gestorben am 12. August 1921 in Trier, war ein deutscher Mathematiker, Physiker und katholischer Philosoph. Dem Eifelverein widmete er im Jahre 1912 folgendes Eifellied, das hier wörtlich (also auch in anderer Schreibweise) wiedergegeben wird:

Eifellied

(Melodie: Strömt herbei, ihr Völkerscharen)

Glaubt ihr noch der alten Rede,
Welche uns'rer Eifel galt.
Dass sie kahl sein, dürr und öde,
ein trübsel'ger Aufenthalt?
Kommt nur alle, lernt sie kennen!
Dann wird preisend nach Gebühr
Mit uns jeder kühn sie nennen
Uns'res Rheinlands Stolz und Zier.

In die Wolken seht ihr ragen
Felsenriesen, windumsaust.
Burgen d'rauf aus alten Tagen,
Wo noch Ritter hier gehaust,
Denn es spross aus diesen Gauen
Einst manch heldenhaft Geschlecht,
Starke Männer, hehre Frauen,
Eichenkernig, stammesecht.

Von den Gipfeln in die Weite
Schweifen uns're Blicke hin,
Wo in ungemess'ner Breite
Hügel ihre Wellen zieh'n.
Lieblich wechseln Wälder, Wiesen,
Dörfchen schmiegen sich hinein,

Und ob all' den Paradiesen
Lacht der gold'ne Sonnenschein.

Heimlich rinnet hier die Quelle,
kaum berührt vom Tagesstrahl,
Wo die schillernde Forelle
Tanzt in munt'rem Spiel zu Thal.
Räder rauschen, Mühlen gehen,
Essen ragen himmelwärts,
Machtvoll bringt zum Auferstehen
Dort der Mensch des Berges Erz.

Flammend aus dem Erdenschlunde
Schossen Gluten einst zur Höh';
Jetzt liegt auf dem Lavagrunde
Träumerisch manch stiller See.
Doch der tiefen Kräfte Walten
Lebt noch fort; denn klar und hell
Schießt hervor aus den Basalten
Hier und dort ein Sprudelquell.

Kühl und köstlich ist die Labe,
Die gar manchen neu belebt,
der an seinem Wanderstabe
Wegemüd' zum Städtchen strebt.
Dort sind Gäste wohlgeborgen,
Und nach frohem Tagesschluss
Ist das Weiterzieh'n am Morgen
Oft ein unerwünschtes Muss.

Darum weg mit dem Gerede,
Welches uns're Eifel schalt,
Dass sie kahl sein, dürr und öde,
ein trübsel'ger Aufenthalt!
Kommt nur alle, lernt sie kennen,
Dann wird preisend nach Gebühr
Mit uns jeder kühn sie nennen
Uns'res Rheinlands Stolz und Zier.

Eifellied 1

Gesungen auf der Hauptversammlung des Eifel-Vereins in Bonn am 14. Mai 1899.

1.
Fängt man von »Eifel« an,
Man immer hören kann,
Wie sehr das schöne Land
Von vielen wird verkannt.
Dem sind die Berg' zu hoch,
und dem nicht hoch genug,
Und hat die Eifel nicht
Elektrisch Licht.
Von Gerolstein nach Manderscheid
Ach Gott! der Weg ist viel zu weit,
Und zwischen Daun und Adenau
Behaglich grunzt die wilde Sau,
Am End' der Welt liegt Malmedy,
Wo der Wallone treibt sein Vieh,
Ach, Eifel, ach Eifel, du armes Hinterland!

2.
Der Dumme, der so spricht,
Er kennt die Eifel nicht,
Die vor der staub'gen Stadt
So manchen Vorzug hat.
Für Luft- Dampf-, Wasser-Kur
Rat ich zur Eifel nur,
Da fühlt ein Jeder sich
Gesund und frisch.
Läßt man auf Eifels schönen Höh'n
Vor frischen Winden sich umweh'n,
Labt sich im Dorf an Düngerduft,
Der würziger als Großstadtluft,
Wie thut das Nas'und Lunge gut,
Und wie sich da verjüngt das Blut!
Hoch Eifel, Hoch Eifel, du lustig Luftkurland!

3.
Geht unser großer Mann
Auf einer Tour voran,
Kann kaum bei solchem Schritt
Der Wohlbeleibte mit.
Der pustet hinterdrein,
Bald stellt der Dampf sich ein.
So geht's in heißem Lauf
'rauff – 'rauff!
Und läuft's herab an Arm und Bein,
Dann schleicht sich fort das Zipperlein,
Und Rheuma selbst wie Podagra
Die sind gar bald schon nicht mehr da.
Es schwindet überflüssig Fett,
Der Dickste auch wird schlank und nett.
So lob' ich mir ein Dampfbad im schönen Eifelland.

4.
Auch ist es interessant,
Zu zieh'n durch dieses Land,
Wenn frisch der Himmel gießt,
Der Regen strömend fließt.
Klattschnaß bis auf das Hemd,
Wirft man die Bein' und rennt –
Ja so ein Wasserbad
Ist delikat.
Man stürzet in die nächste Schenk,
Zieht seine Kleider aus und hängt
Sie in die Näh' des Ofens auf,
Zum Rauchfang steigt man selbst hinauf.
Hat man getrocknet sich genug,
Kriecht man in das gewärmte Tuch
Und singet in Freuden: ade mein Eifelland!

Eifellied 2

Gesungen auf der Frühjahresversammlung 1894 in Tönisstein (Brohltal)

Vergangen ist nicht manches Jahr,
Daß Eifler sein nicht rühmlich war.
Oft hat es sich ereignet,
Daß Eifler, welche bieder sonst;
Ihr Heimatland verleugnet.

Denn Eifel hieß, was kalt und rauh,
Was arm und nicht besonders schlau.
Ging man die Eifel suchen,
Und dacht, man hätt' sie vor der Nas',
So hieß es stets: Ja Kuchen!

Man ward bedeutet fort und fort,
Die Eifel liege weiter fort!
So ging man immer weiter,
Bis, plötzlich einer rückwärts wies.
War das nicht äußerst heiter?

Dort stellt der Wolf als Gast sich ein,
Dort grunzt Konzert das wilde Schwein:
Und doch, man schwor: Zum Teufel!
Wir hören hier zur Eifel nicht,
Wir hören nicht zur Eifel!

Wie hat das Blatt sich doch gewandt!
Heut wird gelobt das Eifelland,
Die Luft der wald'gen Höhen,
Die Felsenthäler flussdurchrauscht,
Die stillen Kraterseen.

Und nimmer ist's mehr eine Schand,
zu stammen aus dem Eifelland,
Vielmehr so große Ehre,

Daß, wenn er nicht Berliner wär,
Herr Schulz gern Eifler wäre.

Wanderung um Bollendorf

Gesungen am 19. Mai 1901.
(Melodie: Prinz Eugen, der edle Ritter.)

Seid gegrüßt, Ihr Eifelherren,
Die dem Rufe folgten gerreit
Ins romant'sche Sauerthal.
Nach des Reiches fernstem Westen,
Wo noch alte Keltenfesten,
Römerspuren überall.

Laßt mich euch im Liede zeigen,
Was hier unsrer Gegend eigen:
Blum'ge Augen, Fluß und Thal.
Schön're Wälder, Felsengrotten
Kann man nirgendwodurchtrotten
Auf dem ganzen Erdenball.

Erst woll'n wir einmal selbandern
Zum Artistenplatze wandern
Und von da ins Teufelsloch;
Dann nach dem Dianadenkmal,
Wo zu Kreuz ein Römergen'ral
Einstens vor der Göttin kroch.

Nun hinab an sanfter Halde
Kommt man ganz gemütlich balde
Zum geschäft'gen Weilerbach.
Und von da ist's nicht mehr weite
Von der Straß' zur linken Seite
In das Thal des Gutenbach.

In der Voigtgrott ist es duster
Und der Türkenkopf ein Muster
Von ein'm echten Muselmann.
Einsam liegt die Schweigestelle,
Wo man eine ganz reelle
Röm'sche Inschrift sehen kann.

Weiter nun zum Wasserfalle
In des Hochwalds grüne Halle,
In dem Hüttenwerk vorbei
In der Niederburg uralten
Wällen, die einst wiederhallten
Von der Kelten Kriegsgeschrei.

In der Tanzkill dichtem Schatten,
Vor uns saft'ge Waldesmatten,
Stehet eine E-V- Bank.
Drauf zu den Kiesgräbern gehen
Wir, wo noch die Zeugen stehen
Von der alten Opfergang.

Prächt'ger Hochwald dir zur Seiten
Thut dich liebreich jetzt begleiten
Bis zu dem Fraubellenkreuz.
Und zur der Schankweiler Klause,
Einem stillen Gotteshause,
Hinzugeh'n dich nicht gereut's.

Die Wickingerburg, o Jerum!
So viel du dich immer schaust um
Ist ein Haufen Steine nur.
Denn vor bald 2 Tausend Jahren
Lagen hier sich in den Haaren
Römervolk und Keltenbur.

In der Kniegelshaide Forsten
Könnt' man jämmerlich verdorsten,

Wär' die Brunnenbuch' nicht hier.
Alte, Junge, Große, Kleine
Säh man hier stets im Vereine,
Gäb's statt Wasser Bitburger Bier!

Aus des Waldes tiefsten Gründen
Lasset uns den Weg nun finden
Zu der Fahnenstange hin.
Freund, hier bleib' ein Weilchen stehen,
Denn viel Schönes wirst du sehen,
Wird berücken dir den Sinn.

Schau', von hoher Felsenwarte,
Ausgebreitet wie 'ne Karte,
Liegt zu Füßen dir das Land.
Zwischen Bergen grün bewaldet
Zieht von Felsen hoch umrandet
Tief der Sauer Silberband.

Zum Berborgfels still und donkel
Floh die Tante mit dem Onkel
Einst in der Franzosenzeit.
An der Bildcheslay vorüber
Mit der Bauchbütt oben drüber
Ist die Wand'rung aus für heut.

Könnt' wohl vieles noch besingen,
Doch ich laß mein Lied ausklingen,
Sing'ein ander Mal davon.
Von der Fischerei gewalt'gen
Felskolossen, vielgestalt'gen
Und vom Aussichtspavillon.

Hat die Wand'rung euch gefallen,
Lasset bald das Ränzel schnallen,
Kommen zu uns öfter noch.
Uns indeß mit Gläserklingen

Laßt ein kräftig »Hoch« ausbringen:
»Unsre Gäste leben hoch!«

Land und Leute in der Eifel

… und so wird wohl bald die Zeit kommen, wo nur das alte Mütterchen in der Spinnstube Lieder wie etwa das folgende noch kennen wird:

Mariännchen that spazieren geh'n
Wohl auf der grünen Heide.
Da begegnet ihr ein Reiter, ja Reiter
In einem grünen Kleide.

Der Reiter zu Mariännchen spricht:
Wilt Du mein Schätzlein sein?
Ich will ins Kloster gehen, ja gehen
Und eine Nonne sein.

Der Reiter vor das Kloster kam
Auf seinem schwarzen Pferd;
Er fragte nach der Jüngsten, ja Jüngsten,
Die in dem Kloster wär'.

Mariännchen vor das Pförtlein kam
In einem schlohweißen Kleid,
Die Härlein kurz geschnitten, ja geschnitten,
Zur Nonne war sie bereit.

Der Reiter schwenkt sein Pferd herum,
Daß ihm das Herz zersprang,
Er fiel wohl auf die Erde zu Erde,
Er fiel wohl vor sein Grab.

Mariännchen legt das Schleierlein ab
Und grub dem Reiter ein Grab.
Nun lieg', mein liebes Schätzlein, ja Schätzlein,
Bis an den jüngsten Tag.

Eifel-Lied

Ortsgruppe Chicago des Eifelvereins
(Melodie: Ich hatt' einen Kameraden)

Die trauten Eifelberge
Nenn' ich die Heimat mein.
Auf ihren lichten Höhen,
Bei ihren Kraterseen,
Dort möcht' ich gerne sein.

Dort, wo viel Bächlein fließen
Zur Mosel und zum Rhein,
Durch blumenreiche Auen
In frischen Eifelgauen,
Dort möcht' ich gerne sein.

Dort, wo im grünen Tale
Blüht bleu Vergißnichtmein,
Wo golden Ginsterhecken
Die Berge schön bedecken,
Dort möcht' ich gerne sein.

Wo tausend kleine Vöglein
Fröhlich in Flur und Hain
Zum Himmel sich aufschwingen
Und ihre Lieder singen,
Dort möcht' ich gerne sein.

Dort, wo im trauten Häuschen

Lebt Vater, Mutter mein,
Die mich in Kinderjahren
Beschützten vor Gefahren,
Dort möcht' ich gerne sein.

Dem Eifelverein

Von Dr. Huyeng, Adenau
(Melodie: »O alte Burschenherrlichkeit«)

Und als der Herr die Welt erschafft,
Schuf er zum Schluß die Eifel;
Er nahm dazu die letzte Kraft,
Die beste ohne Zweifel.
Vergebens sucht man in der Welt,
Was man ihr an die Seite stellt:
»O Eifel, du alleine,
Du bist es, die ich meine.«

Im frohen Rhein- und Moselland
Mit Hängen voller Reben,
Sah er des Nachts einst zornentbrannt
Viel' Zecher heimwärts schweben.
Er dachte sich: »Das ist doch toll,
Es schadet zuviel Alkohol.
Ich schmück' dich Eifel, seine,
Doch Reben kriegst du keine.«

Dafür gab der Maare Glanz,
Den Kratergipfel hüten,
Der Heide violetten Kranz,
Des Ginsters goldne Blüten.
Nur eines fehlte in der Pracht,
Daran der Herrgott nicht gedacht:
»Es gab schon viel' Vereine,

Doch für die Eifel keine.«
Da zupfte ihn mit frohem Sinn
Gar lustig der Sankt Peter:
»Schick« dazu doch den Dronke hin,
Der ist solch' Schwerenöter.«
Und richtig, Dronke hat's erreicht,
Wie heut' euch dieser Festtag zeigt!
Drum schlinget fest die Bande
Um Eifelfreund und -lande.

Ein Butterbrot packt (sich) aus...

Ein kleines kulinarisches Zeitbild aus dem Jahre 1955

Gestatten: Butterbrot! Naja ... klingt ziemlich ortsfremd. In meiner Heimat, der Eifel, sagt man zu mir Schmeer, Schmear, Schmier oder Bottich. »En juut Bottich« – so kennt man es, wenn jemand Hunger hat und sich auf mich freut. Ich tue somit jedem etwas Gutes, ob zuhause, auf Reise, auf der Arbeit oder wo immer.

Als Brot kann ich eine Menge aus meinem Leben erzählen. Kein Wunder, denn als Hauptnahrungsmittel bin ich tagtäglich der Star in allen Familien, in den Gaststätten und auf allen Plätzen, wo es etwas zu essen gibt. Dies war zu allen Zeiten so, daran hat sich auch bis heute nichts geändert.

Als ich frisch gebacken aus dem Ofen kam, bereitete ich den Anwesenden zuerst einmal eine Riesenfreude. Mein Duft erfüllte den Raum und durchzog die Nase der stolzen Bäckerin. Die Leute, die sich im Backes einfanden, atmeten auch ganz tief ein und wollten mein Aroma einfach nur genießen. Die Augen der Leute glänzten, als sie mich und meine 19 Geschwister auf einem Brett liegen sahen. Früher war es nämlich so, dass gleich 20 Brote im hauseigenen Eifelbackes gebacken wurden. Dazu gehörte nämlich eine Menge Vorarbeit, der Backvorgang selbst war dann nur noch Vergnügen für meine Mutter Agnes und deren Schwestern Hiltrud und Tinchen. Ihr Bruder Karl-Heinz und ihr Ehemann Pitter schauten dabei nur zu und zogen genüsslich an ihren Pfeifen.

Als Butterbrot taugte ich bei vielen Mahlzeiten am Tag. Vor dem Anschnitt zeichnete meine Bäckerin ein großes Kreuz auf meine Rückseite – Dank an den Schöpfer für das Korn und die gute Ernte. Vielfach wurde auch ein Vaterunser dabei gesprochen. Dabei fühlte ich mich sehr geehrt, fast geheiligt.

Zum Frühstück wurde dann der erste Schnitt an mir vollzogen. Das so genannte »Kneisjen« war bei allen Familienmitgliedern sehr beliebt. Es war besonders knusprig und regte den Appetit an. Zuerst wurden alle Scheiben von meinem Laib mit »guter Butter« bestrichen, die natürlich auch im Haus selbst hergestellt wurde. Dabei diente neben der Zentrifuge der »Bechel« zur Herstellung, ein hölzernes Gefäß mit Flügeln im Inneren. Ich heiße auch deshalb »Butterbrot«, weil ich als Getreideprodukt und Butter als Milchprodukt uns ganz besonders gut verstehen.

Als Auflage gab es zum Frühstück selbstgemachte Marmelade. Himbeeren, Brombeeren, Erdbeeren, Rhabarber, Mirabellen und Zwetschgen (Quetschen) dienten als Grundlage für den herrlichen Aufstrich. Seltener gab es auch Honig (zu teuer!) und Rübenkraut, »Zarup« genannt. Gab es mal ein schlechtes Obst- und Beerenjahr, diente der grobe Quark (»Klatschkiss«) als willkommener Aufstrich. Oder man ersetzte die Butter durch Quark und strich darunter erst eine Schicht mit Gelee oder Marmelade. Gutes Gelee stellte die Hausfrau besonders aus Eifeler Holzäpfeln her. Von besseren Äpfeln oder guten Birnen wurde auch Kompott gekocht. Besonders beliebt war das »Quetschenkraut«, dessen Geruch beim Einkochen alles übertraf.

Kinder wählten manchmal als Brotbelag ganz einfach nur billigen Zucker, die »Zockerbottich« galt als »Leckerchen« für die Kleinen. Seltener wurde ich auch mit Apfelscheiben oder Rosinen belegt.

Hin und wieder wurde ich auch am Mittagstisch verzehrt. Nur bei Eintopfgerichten, meist Erbsensuppe, wurde Brot gegessen. Manchmal war ich auch Bestandteil einer Milchsuppe oder garnierte als geröstete Brösel Mehlspeisen. Gerieben diente ich fast immer als Paniermehl für Koteletts und Schnitzel. Paniertes Fleisch war in meiner Heimat überaus angesehen und wurde sehr gerne verspeist.

Nachmittags hatte ich dann wieder Großeinsatz. Zur »Kaffeezeit« kamen eine Menge Scheiben für die Großfamilie in den Brotkorb. Jeder aß, was er nur konnte. Das hatte natürlich auch wieder mit dem leckeren Belag zu tun, der am Nachmittag meist aus Käse oder Wurst bestand. Vielfach gab es in den Bauernhäusern selbst gemachte Wurst wie Blut- und Leberwurst. Gehacktes gab es nur unmittelbar bei und nach der Wurstherstellung. Man konnte Hackfleisch auch zu Klößen formen und nach dem Braten in Scheiben schneiden und dann kalt auf dem Brot verspeisen. Mit reichlich Kaffee oder Kaffeeersatz war die Nachmittagsmahlzeit eine »füllige« Angelegenheit, ehe die Arbeit für die Familienmitglieder dann weiterging.

Am Abend saßen dann nochmals alle Mitglieder der Familie versammelt am rustikalen Eichentisch – um mich! Wieder glänzten die Augen beim Anblick der knusprigen Scheiben meines Laibes (ich könnte auch »Leibes« sagen), meist schon des zweiten oder dritten für diesen Tag. Nun standen im Angebot für den Belag: würziger, geräucherter Schinken am Stück oder in dünnen Scheiben, einfacher Speck, Sülze, die auf Vorrat angefertigt worden war. Dazu wurde das Fleisch von Schweinekopf und –füßen verarbeitet, in Schüsseln gefüllt und in Scheiben aufgeschnitten. Natürlich gab es auch wieder Blut- und Leberwurst, gute Butter oder Griebenschmalz. Das Schmalz mit seinen leckeren Grieben wurde sanft mit Salz bestreut, Kinder nahmen auch Zucker oder Gelee auf die »Schmaalzebottich«. Für fleischlose Genießer stand auch Schmand bereit, der »natur« oder leicht gesüßt auf das Brot gestrichen wurde.

Und noch etwas zum Schluss: Ich habe auch noch eine Stiefschwester. Sie heißt »Hasenbottich«. Wenn mein Vater Adam früher von der Arbeit kam und noch eine Schnitte übrighatte, waren die Kinder ganz versessen darauf. Warum – das wissen sie bis heute nicht. Dieser Bottich hatte etwas »Magisches« – oder vielleicht freuten sich die Kinder auch nur deshalb, weil die »Bottich« eine Reise hinter sich hatte. Freude über Kleinigkeiten!

(Heute undenkbar!)

Eine ehemalige Schulbank plaudert von früher

Nun stehe ich schon 40 Jahre ungenutzt in einem Keller, naja – nicht ganz. Immerhin habe ich noch einen Altersjob gefunden im musealen Bereich. Ich darf seit meiner Pensionierung alte Bücher, Zeichnungen und Dokumente stemmen. Besser als dass ich in der Scheuer stünde oder längst zu Asche im Kohleofen verfallen wäre!

Doch von vorne: Geboren wurde ich in einer Schreinerwerkstatt in guter echter Handarbeit gefertigt, ich entstamme keiner Serienproduktion. Wie alle meine Kameraden schuf mich ein professioneller Meister, der dazu massives Eichenholz verwendete.

Ich bestehe im Prinzip aus vier Teilen: der Sitzbank, der erhöhten Schreibbank, der Rückenlehne und der Fußbank. Aus diesen vier Elementen bin ich zu einer Einheit zusammengefügt. Die Schreibfläche enthält mittig vorne das blecherne Tintengefäß und eine Rille zum Ablegen der Stifte. In Zahlen ausgedrückt: Höhe der Sitzbank: 60 cm, Höhe mit Rückenlehne: 98 cm, Höhe der Schreibfläche. 90 bis 94 cm (leicht schräg), Höhe der Fußbretter: 16 cm, Tiefe der gesamten Konstruktion 70 cm, Gewicht ca. 30 Kilo. Somit kann man sagen, dass mein Körper rund einen Quadratmeter Fläche einnahm.

Mit 16 weiteren Mitbänken stand ich im kahlen Klassenraum, der recht spartanisch war, als ich in diesen Klassenraum einzog. Eher kühl war es, nicht richtig hell, kein Schmuck – nur eine Weltkarte, eine Tafel und ein Kreuz befanden sich an den Wänden. Und vorne natürlich das Podium mit dem erhöhten Lehrerpult, das regelrecht Angst einflößte. Ach ja – da war ja auch noch der berüchtigte Haselnussstock hinter der Rolltafel.

Als Bankeinheit nahm ich zwei Schüler auf, die recht sparsam mit dem knappen Platz umgehen mussten, um Rücksicht zu nehmen. Auf der Schreibfläche lagen die jeweils benutzten Bücher, das Schreib- und Malmaterial, manchmal Tinte und Federhalter und das Zirkelmäppchen.

Es war 1946, als ich in einem Gymnasium meinen ersten und letzten Schulbankplatz einnahm. Einige Schülergenerationen habe ich durch ihr bewegtes Schulleben begleitet. Vielleicht hatte ich ja sogar Anteil an manch gutem Abschluss inklusive Abitur, darauf kann ich gewiss stolz sein.

Bei der Sanierung der alten Schule wurde unsere Bankgeneration in den 70er Jahren ausgemustert und zu(un)gunsten neuer Fabrikbänke und Stühle ausgetauscht. Zum Glück nahm mich ein Museumsmensch in Gewahrsam, so dass ich heute, mitten im Wohnhaus, noch einen respektierten Platz einnehme.

Eine Eifelreise im Jahre 1902

»Die Ferien sind gekommen.
Dies Jahr zu unserm Frommen
Wir in die Eifel zieh'n
Zur Sommerfrische hin.«
So spricht Herr Schmitz zum Weibchen,
Doch sie, das sanfte Täubchen,
Blickt ganz entsetzt auf ihren Mann
Und fängt zu jammern an:
In die Eifel, nein, das sollt' mir fehlen,
Warum denn nicht gleich Sibirien wählen,
In die Eifel, eh' dahin geh'n wir,
Bleib' lieber noch ich armes Weib den ganzen Sommer hier.«

»Denk', auf den Höhenzügen
Das ganze Jahr soll liegen
Dort, danke schön, o weh,
Fußhoher kalter Schnee,
Da müsst ich mich bequemen
Pelzmäntel mitzunehmen,
Die aber riechen jetzt weithin
Zu stark nach Naphtalin.
In die Eifel, nein, das sollt' mir fehlen,
Warum denn nicht gleich Sibirien wählen,
In die Eifel, eh' dahin geh'n wir,
Bleib' lieber noch ich armes Weib den ganzen Sommer hier.«

»Auch wolle nicht vergessen,
Was kriegt man da zu essen?
Kartoffeln, Haferbrot,
Kein Beefsteak, kein Kompott.
Nein, für so ein Menüchen
Dankt höflichst dein Mariechen.
Verhungern möge wer da will,
Ich halte nicht mit still.
Auch Gefahren anderer Art und dräuen,

Fängt so'n alter Krater an zu speien,
Speit er alle uns, schockschwernot,
Wenn wir nicht schon verhungert sind, wahrhaftig mausetot.«

»Du wirst Dich dran gewöhnen,
Gebiete Deinen Thränen,
Wir reifen, damit Schluß.«
»Na los, wenn's sein denn muß.«
Nach Hause steigen nieder
Sie nach sechs Wochen wieder,
Da zeigt sie ihm ihr Tagebuch,
Der Inhalt sagt genug:
»Nein, wie herrlich ist es in der Eifel,
Und da giebt's noch immer dumme Teufel,
Die verkennen dieses Land,
Die Ketzer würden, ging's noch mir gleich allesamt verbrannt.«

»Zu euch muß hin man gehen,
Ihr trautes Eifelhöhen,
Zu atmen reine Luft,
Der Haide würz'gen Duft.
Ihr Maare in den Forsten
Auf stolzen Felsenhorsten,
So manches friedlich stille Thal,
Euch grüß' ich tausendmal.
Mann, sobald die Ferien wiederkommen,
Dann wird kein Retourbillet genommen,
In die Eifel geht's der Wochen zehn.
Ihr Eifelberge, lebet wohl, auf Wiedersehn.«

Eine Schmunzelgeschichte (wenn auch der Anlass traurig …)

Folgende Geschichte handelt vom »Beten um baldige Erlösung von schweren Leiden« am Sterbebett:

»Ach Gott, das Scheiden von dieser buckeligen Welt fiel ihm nicht schwer. Das Leben an der Seite seiner geizigen Frau war freudlos geblieben; es war ein einziges Placken und Schinden gewesen. Sie war so geizig wie ein abgenagter Knochen, nichts hatte sie ihm gegönnt. Jetzt saß die Frau bei ihm am Sterbebett und wartete ungeduldig auf seinen Tod. Jedoch der Tod ließ sich nicht von ihr befehlen; die ganze Nacht zog sich das Sterben hin, erst gegen Morgen ging es mit ihm zu Ende. Als sie es merkte, zündete sie schnell die Sterbekerze an, die schon bereitstand. Da stieß im Stalle die Kuh ihren Ruf in die Morgendämmerung. Die Frau horchte hinaus, als dann die zweite Kuh ihr Muh lang und laut hören ließ, stand sie hastig auf und schritt hinaus, die Tiere zu melken. In der Tür aber wandte sie sich noch einmal um und – beinahe hätte sie es vergessen – sagte zu dem Manne, der dort mit dem letzten Verröcheln rang: »Watt ech noch son wolt, Mattes, verjärß et net: Wennste dut bas: blaos de Kierz aus!«

Auch wird des Öfteren gesagt, dass der Verstorbene einen »schönen Tod« hatte. So soll einmal, nach dem Ableben eines Verwandten, jemand auf die Frage: »Ist er denn gut gestorben?« geantwortet haben: »Oh, dän ass esu schung jesturwe, esu schung, m'r hatten us wohr Pläsir.«

En aal Kannebaank verzellt

Hallo, liebe Leser,

ich erzähle Ihnen einmal in einer kleinen Autobiografie, was es einst mit mir so auf sich hatte im alten Bauernhaus.

Ich selbst stand als »Kannenbank« oder »Schottelbank« bis in die 40er Jahre des 20. Jahrhunderts in der ehrwürdigen Küche des alten Bauernhauses direkt neben einer Eichentruhe. Meine kleinere Schwester hatte ihren Platz in der »guten Stub«, wie wir Eifeler sagen, also im gemütlichen Wohnzimmer, meist neben der wärmenden Takenplatte. Manchmal gab es noch ein kleineres Geschwisterchen auf dem Speicher.

Ich war im wahrsten Sinne eine »Bank« – in zweifacher Hinsicht. Zum einen war ich der Aufbewahrungsort zahlloser Utensilien, die die Bäuerin in Haus und Küche benötigte. Zum anderen war ich auch eine »Kassenbank«, denn meine Inhalte waren hoch geschätzt und teils sehr wertvoll. Somit war ich eine Art »Bank mit Gewinngarantie«.

Mein »Körper« bestand aus zwei dicken seitlichen Stellwänden, am unteren Ende mit zwei Füßen versehen und unterhalb der Decke verjüngt auslaufend. Acht Regalbretter bildeten mein »Gerippe«, diese Bretter waren sehr dick und stabil, aber verschieden breit. Auf den schmaleren lagen die Tassen, kleinere Krüge, Pötte und Kännchen. Auf den breiteren Regalbrettern ruhten die Teller, Töpfe (»Döppen«), Trinkflaschen für die Feldarbeit, Einmachgläser, Gefäße für Essig, Knoblauch, Mehl und Zucker, Marmeladengläser, Milchkannen verschiedener Größe, ein Heringspott, eine Petroleumsflasche, Einkochdöppen, Suppenterrine, Gießkannen und manchmal auch Porzellan oder »irdene Waren« wie Vasen, Trinkflachen, Krüge und die wärmende Bettflasche.

Am linken seitlichen Tragebrett hingen zudem zwei verschiedene Reiben, ein Löffelbrett mit diversen »Bollen« (Kellen), weitere Kleingeräte und etwas Zierrat. Das andere Stellbrett trug gusseiserne Pfannen mit teils sehr langen

Stielen, Gemüsehobel, Muskatnussreibe, ein Maßgefäß und ein Thermometer für die Einkocharbeit.

Zudem trug ich noch etwas Schmuck um mich wie z.B. den Krautwisch, einige Trockenblumen, ein Bündel Pfefferminztee und eine kleine »Lichthoal« – ein mit Petroleum betriebenes Lichtchen auf einem Ständer. Als Hauptdekor prangte am mittleren Bankbrett ein Spruchband aus Leinen – natürlich von der Hausfrau selbst gestickt – mit der Botschaft »Sich regen bringt Segen«. In der »Stub« lautete die Inschrift: »Trautes Heim – Glück allein«.

Alles in allem hatte ich so eine Menge »Zeug« zu buckeln, aber mein Lohn war stets der hohe Respekt, den man mir entgegenbrachte.

En halven Hahn

Wer in Köln einen »Halven Hahn« bestellt, bekommt ein mit Käse belegtes Brötchen und keineswegs ein halbes Hähnchen, wie der Name vielleicht versprechen könnte. Der Name ist nach einer gern erzählten Geschichte folgendermaßen entstanden: Ein Gast bestellte in einem Kölner Brauhaus ein Käsebrötchen und erhielt daraufhin ein ganzes, mit Käse belegtes Brötchen. Da er aber nur ein halbes Brötchen wollte, sage der dem »Köbbes« (Kölsch: Ober) »Ich wollt' aber eigentlich nor ne halve hahn.« An der Geschichte könnte tatsächlich etwas dran sein, aber es besteht auch die Möglichkeit, dass man Gäste mit dm vermeintlich niedrigen Preis für ein halbes Hähnchen verlocken wollte, das Käsebrötchen zu bestellen.

De Jeschicht ass woahr, virr 60 Joahr!

De Jeschicht fung an met dem Bou von derr Kanalisation a Proußelt. Et juw fleiißig ausjeschacht un de Arbischt juung och juut vieran. Op eemol ewer kum en Enerbräschung:

Enen Arbischter fond op singem Plaaz, wu hän jraat am schaffe wor, en jaanz Rei Steen – silwerisch, jrau unn – singer Meenung noh – bleiisch. »Donnert Jiss, dat as ewer en Saach, dat lo..«, sot hän hart virr sech.

Zuierscht wosst hän net, op hän singen »Joldfond« fier sesch behaalen sollt – ne, doascht hän un rechent heemlich mat er Prämisch.

Stollz wiss hän die schungglänzend Steenscher singen Arbischtskameroden, die net schlecht staunten. Op jidde Faal juv dä Virrarbischter et och jeng jewor, der singerseits derr Amtsverwaltung Bescheed juv. De Arbischt juv derekt ennerbrauch, de Män konten de nächsten Daach dohem bleiwen. De Verwaltung brorscht dän »wertvolle« Fond op de Rejierung, die du derekt weggerhandelt:

S saandt e boddekennije Mensch no Prourßelt, firr die Saach jenauer ze inspizieren.

Dä Jeliehrten kum, hä brorscht noch e Kerel met, dä Professor a Meenz wor. Se fungen op derr Stell an mat derr Ennersuchung, muhten ewer zuierscht dä Fondschacht rem opwerfen, dä wor zum Deel zujefalle. Ann der Zweschenzeit waren och alt Experten von der Jewerkschaft aus Mechernich op der Plaaz. (Die kumen vo Bleialf, wo se am Moment am schaffe woven.)

Allejoren stuhnen se virr em Rätsel. Kee Mensch woßt, wat hän von derr Saach zu haalen haat. De Steen luchen hinnen zu noh enner dem Boddem, su datt se demm jaanze Spill net richtisch trouten. Hirr Skepsis wor zurächt. Enn jaanz Reii Lekk, die an der zweschenzeiit jemerkt haaten, watt jespillt juv, luufen – de Boch voler Laachen – hin unn her. Die jeliehrt Männ kumen op de Spur.

Alle wor klar: dä fennijen Arbischter wolt singen Kollejen e Streech spillen. Hä kont ja net aanen, dat »sing«

Steen den ordnungsjemäßen Wääsch durch all Instaanzen bass zu derr Rejierung jungen unn datt et su et jruss Affär jenn diet.

Letztlich ass kloar: De Bleisteen kumen – dat as jo klar – vo Bleialf.

Es eifelt!

Eine wundersame Mutation! Wer hätte das jemals gedacht? Aus dem einst »trefflich rau Land« (Ernst Moritz Arndt) ist ein »trefflich Tourismusland« geworden, aus einem abgeschiedenen Grenzland im Westen der Republik wurde die grüne Lunge, ja das Herz des Kontinents. Erstaunlich!

Es »eifelt« – immer mehr! Viele Wege führen in die Großregion, viele Menschen genießen hier ihren Urlaub oder ziehen ganz in diesen Landstrich. Besonders Niederländer spüren, dass es sich lohnt, im Mittelgebirge zu leben. Und das zu allen Jahreszeiten.

Es »eifelt«, ja! Eifelsteig, Eifel-Dachmarke, Eifel zu Pferd und zu Wasser, Eifel-Balloning, Eifelhäuser, Eifeläcker, Eifelperle, Eifelgerste, Eifelliteratur, Eifellieder, Eifelähre und Eifelwasser: Zu gerne schmückt man sich heute mit diesen Attributen, die einer Güteklasse gleichkommen. Gazetten, Broschüren, Wanderprospekte, Eifelfilme im Fernsehen – mit der Eifel lässt sich vortrefflich werben. Ein Schönheitsland in Deutschland – keine Frage.

Ja, es »eifelt«! Zu allen Jahreszeiten zieht es Touristenströme in das Gebirge – auch im Winter. Ob Vulkan-, Nord-, Süd- oder Osteifel, ob Wildnis, Wasser, Wald, Felsen oder Schluchten – die Einheimischen genießen dieses Gefühl des Anerkannt-Seins, was solange vermisst wurde. Und Fremde zieht es in die Großregion, weil sie hier naturnah urlauben können.

Eulenspiegel auf der Dasburg

Der rheinische Schalk Eulenspiegel kam einst auch nach Dasburg. Der Burgvogt Hubertus Weingart traf das fremde Gesicht in der Nähe seiner Burg und erkundigte sich mit grimmiger Neugier nach dem Woher und Wohin.

Er sei auf dem Neuerburger Markt gewesen, gab Eulenspiegel bescheiden zur Antwort.

»War der Markt groß?« wollte Weingart wissen.

»Ich hatte kein Maß, ihn zu messen«, entgegnete der Schalk.

Der Burgvogt schluckte den aufsteigenden Ärger über den Tölpel hinunter und knurrte belehrend: »So war das nicht gemeint, ich wollte wissen, ob viele Leute dort waren!«

»Ich hatte keine Zeit, sie zu zählen«, entgegnete Eulenspiegel.

Da merkte der Vogt, dass er einem Schalk aufgesessen und beschloss, ihn für das respektlose Benehmen zu bestrafen. Weingart versuchte, sein Gesicht in freundliche Falten zu legen.

»Dort drüben ist meine Burg«, sagte er, »komm morgen um diese Zeit zu mir, dann darfst du von dem feinen Wein, der in meinem Keller liegt, einen besonders großen Zug tun!«

»Das werde ich nicht vergessen«, sagte Eulenspiegel und macht dem abgehenden Burgvogt eine artige Reverenz.

Am nächsten Tage setzte Eulenspiegel pünktlich den schweren Türklopfer am Burgtor in Bewegung. Der Vogt hatte indessen einem Diener den Auftrag gegeben, Eulenspiegel sofort in den Keller zu führen, ihn aus dem Weinkrug einen Schluck tun zu lassen, beim zweiten Schluck aber einen Prügel zu nehmen und tüchtig auf ihn loszuschlagen. Der Diener führte also Eulenspiegel in den Keller und reichte ihm eine Kanne Wein.

Eulenspiegel tat einen Zug, der seiner rheinischen Heimat alle Ehre machte, ließ dabei seine Augen aber nicht von dem Diener. So merkte er rechtzeitig, wie dieser nach einem Prügel in der Kellerecke griff. Flugs ließ Eulenspiegel die Kanne fallen, riss mit aller Kraft den Zapfen aus einem großen Weinfass und warf ihn weit weg. Plätschernd ergoss sich das edle Nass in den Keller. Der Diener, wohl wissend, wie es um das Temperament seines Herrn bestellt war, versuchte den Wein zu retten und drückte seinen Daumen in das Spundloch. Da ergriff Eulenspiegel den Stock und prügelte den Diener tüchtig durch. Dessen Schmerzgeschrei drang durch die dicken Kellerwände bis zu den Ohren seines Herrn, der sich, in Verkennung der tatsächlichen Umstände, weidlich an dem Gebrüll ergötzte. Schließlich nahm Eulenspiegel noch zwei dicke Schinken, die im Keller an der Wand hingen, stopfte sie vorn und hinten in die Jacke und ging so, offensichtlich voller Beulen, aus dem Schloss. Dabei setzte er das Gebrüll des Dieners mit nicht minderer Lautstärke fort.

Burgwart Weingart stand am Fenster und genoss mit dröhnendem Lachen den kläglichen Abzug.

»So, jetzt hast du wohl für einige Zeit genug«, schrie er dem Schelm nach.

»Jawohl, Herr,« rief Eulenspiegel am Burgtor zurück, »jetzt haben meine Mutter und ich mindestens für vierzehn Tage genug!«

»Fahrendes Volk« zieht übers Land …

Als stets freundliche Leute galten bis in die 50er Jahre die Scherenschleifer. Diese zogen als Gewerbewanderer quer durch die Eifel, wobei sie ihren kompletten »Betrieb« auf dem Rücken mitschleppten. Die Ausstattung bestand aus einem dreischenkligen Bockgestell aus Holz, zwei bis drei gewichtigen Schleifsteinen und mehreren kleineren Werkzeugen. Vom Frühjahr bis in den späten Herbst waren sie unterwegs, zumeist in den Klein- und Kreisstädten, in Marktorten und größeren Dörfern. Zumeist bezog der Scherenschleifer Stellung an einer belebten Hauptstraße oder auf dem Marktplatz. Schnell umringten Kinder seinen Arbeitsplatz, wo sie das Surren des Schleifsteins und die grellen Funken freudig vernahmen. Auch Fenster und Türen öffneten sich, Bewohner nahmen teil an seinem Tun. Alles, was es im bäuerlich- häuslichen Bereich zu schleifen gab, trug man in seine »Schleiffabrik«: Brot- und Schlachtmesser, Scheren, Sensen und Sicheln, nicht zuletzt die »Kneip«, das Universaltaschenmesser eines jeden Mannes. Nach getaner Arbeit schulterte der fleißige »Onkel« (Kindermund) sein Gerät und brach ins nächste Dorf auf.

Folgendes Scherenschleiferlied ist uns überliefert:

»Ein Scherenschleifer bin ich vom Rhein,
die Messer schleif ich spitz und fein:
Tra di ri di di rallala,
die Messer schleif ich spitz und fein.
Von Dorf zu Dorf ich mein' Schleifstein drück,
keine Straße führt mich nie zurück.
Mein Schleifstein tanzt ohne Unterlass,
die Funken spritzen, wie freut mich das.
Schaut her, wie meine Räder blinken,
die Mädchen tun mir alle winken
mit dem Messer und mit der Schere,
wie wenn ich ihr Liebster wäre.
Nun hat geschliffen alles spitz und fein

der arme Scherenschleifer von dem Rhein:
Tra di ri di di rallala,
der arme Scherenschleifer von dem Rhein.«

Im Gegensatz zum Scherenschleifer kam der Kesselflicker nie allein, sondern immer mit Gefolge. Er hatte die ganze Familie dabei, die sich in einem von einem Pferd gezogenen Wohnwagen aufhielt. Meistens schlugen die Kesselflicker ihre Werkstatt am Rande der Ortschaften auf, wo sie sich oft bis zu vier Tagen aufhielten. Das Gewerbe der Kesselflicker war nicht so hoch angesehen bei den Dorfbewohnern, so dass sie verächtlich auch »Zigeuner« geschimpft wurden. Nach der »Einnahme« des Wohn- und Arbeitsplatzes gingen Frau und Kinder im Dorf umher und schleppten das Geschirr, das zur Reparatur anstand, zur Arbeitsstätte des Mannes: Kochkessel, Töpfe, Pfannen, Viehtröge und Dachrinnen. Nun konnte die Flick- und Lötarbeit beginnen, ehe der klapprige Wohnwagen mit Frau und Kindern sowie der spärlichen Habe zum nächsten Dorf aufbrach.

»Kauft Beseme, kauft Beseme! Brocht Dir Beseme?« Mit diesem Ruf schreiten die Besenbinder von Haus zu Haus. Ihr Ruf ertönt in Haus und Hof. Nach langen Wintern in warmen Bauernstuben zieht es die geselligen Burschen und Männer bei der ersten Märzsonne in die Dörfer, dick bebündelt mit Besenbürden. Was ihr Winterfleiß gefertigt, will jetzt an den Mann gebracht werden. Besen brauchte man überall, und so kaufen die Bauern, Händler und Marktleute ihren Anteil für das ganze Jahr. Draußen im Winterwald wuchsen die Birkenreiser und die Haselstöcke, die als weiße Reifen den Besenstock zusammenhalten. Die Besenbinder sind stolz auf ihr Handwerk: für sie ist ein Besen mehr als ein bloßes Werkzeug, mit dem Hof, Stall und Scheune gefegt werden. Viel Aberglaube war im Spiel, wenn man an den Besen als uraltes Zaubermittel zurückdenkt. Auf Reiserbesen reiten die Hexen in der Walburgisnacht, und alte Besen gehörten in das Feuer der Sommersonnenwende und ins Martinsfeuer: waren sie verbrannt, so war man »des Alten« endgültig los (Winter, Dämonen, Unglücksgeister).

Früher übte der Kappesschneider, auch »Krauthobler« genannt, sein Amt aus. In den Wochen des November und Dezember zog er zu den Bauern, die nicht selbst ihren Weißkohl schnitten, um ihn anschließend in den Gewölben des kühlen Kellers zu dem beliebten Sauerkraut reifen zu lassen. In großen Wannen und Körben schufen die Leute ihre Kohlköpfe herbei, entblätterten diese grob und bohrten die Strunkenden heraus. In die Backmulde des schweren Küchentisches spannte man ein frisches Leintuch, ehe die Arbeit des Kappesschneiders begann. Mit Hilfe dreier scharfer, schiefstehender Messer, eingelassen in einen hölzernen Schieber, rieb er zugleich mehrere unter sanften Druck der Hände. Unter dem Messer »vergingen« die Kappesköpp«, oftmals hunderte in einer Familie. Die »Mohl« füllte sich indessen, wurde mehrmals entleert und wieder gefüllt. Die Frauen schufen das Gehäcksel in Körben in den Keller, wo es zumeist der Großvater in das Musdöppen verfüllte. Es legte es in Schichten ein, salzte jede für sich und beschwerte schließlich das Eingemachte mit einem Tuch und einem Wackestein. Wacholderbeeren, Lorbeerblätter oder ein Schuss Viez gehörten ebenso hinein. Der Kappesschneider erhielt nach getan er Arbeit einen kräftigen Eifeler Korn, ehe er sich mit seinem »Schraber« über der Schulter in das nächste Haus aufmachte. Für die Familie und die Kinder war sein Auftritt im eigenen Haus immer ein besonderes Erlebnis. Er wusste viel zu erzählen, galt als freundlicher Geselle und als Vertreter einer Zunft, die es im rechtlichen Sinne gar nicht gab. Zumeist erhielt er nur ein geringes Trinkgeld für seine Tätigkeit.

Ein wichtiger Alt-Eifeler Beruf waren früher die Hausierer und Händler. Diese oftmals originellen Typen waren eifelweit bekannt, standen in mäßigem Ansehen und galten als kernige, kantige Gesellen. Ihre Tätigkeit war der Universalhandel. Sie hatten von allem etwas in ihrem Hausiersack: Hosenträger und Schuhriemen, Wolle, Textilien, Haus- und Küchengeräte, Bürsten, Fußmatten und Strümpfe. Messer, Knöpfe und Riemen waren die Verkaufsschlager. Sie klopften an jedem Haus und konnten so manche Frau von ihrem materiellen Bedürfnis nach ihren Waren überreden. Als Hausierer zogen umher Kesselflicker, Verzinner, Korbmacher, Kirmesbudenbesitzer, Abdecker, Topfhändler und andere mehr. Auch Bettler traten ins Haus ein, erhielten unter Beten und Flehen oft etwas zu essen oder einen Heller. Einer der letzten Geschirrhändler aus der Eifel war M.A. aus Schönecken. Mehr als 40 Jahre übte er seinen Beruf aus. Er trug seine Ware in einer Hotte auf dem Rücken. Platten, Schüsseln und Teller, alles »Erdenpöttchen«, legte er fest in- und aufeinander, so dass möglichst viel hineinpasste. Blumentöpfe und Geschirre mit Henkel band er an einen kräftigen Haselstock, der fest in der Kiepe steckte. Die geladene Hotte wog annähernd zwei Zentner. Mit dieser ungeheuren Last wanderte »Kamphausen«, wie er nach dem Hausnamen genannt wurde, Tag für Tag durch die Dörfer der Eifel. Er erschien in Eifeler Tracht, im blauleinenen Kittel mit buntem Halstuch und schwarzer Schirmmütze. Jede Woche, so wird berichtet, kam er nach Schönecken zurück, um seine Hotte neu zu laden. Mit Vorliebe besuchte er kinderreiche Familien, denn da wurde das meiste gebraucht. Manchmal übernachtete er in Häusern und für's Essen war immer in den Bauernhäusern gesorgt. Er selbst zeigte sich dann erkenntlich, verschenkte ein Tässchen oder gar einen Kindernachttopf. Man erzählt, dass er auch als Heilichmacher« (Heiratsvermittler) tätig war, und das brachte ihm immerhin auch noch ein paar Groschen. Noch mit 82 Lenzen ging er auf den Handel. Er starb 1928 in seinem Heimatort. Weit über die Eifel hinaus bekannt wurde auch der Dichter und Händler Peter Zirbes aus Niederkail. Aus seiner Biographie wissen wir, dass seine Eltern bereits von der Großmutter einen Esel und Waren borgten, um »auf Handel« gehen zu können. An den Seiten der Tiere hingen die Strohkörbe, gefüllt mit Steingut und Glaswaren aus saarländischen Hütten. In einem selbst verfassten Gedicht zählt Zirbes die Produkte auf, die er auf seinen langen Reisen, die ihn zumeist an die Nahe und den Glan führten, feilbot:

»Bemalte Gläser auch mit Griffen
aus Böhmen, glatt und schön geschliffen
und Tischkaraffen mit Gestell,
Champagnergläser schön und hell.
Das Glas hat man wohl nirgends besser
von Wadgassen und Fennerhütt'
Bouteillen, Seidel, Stengelgläser
bringt jeden Monat Zirbes mit.
Zylinder, Pumpen, glas'ne Lichter
und Vogelgläser, sowie Trichter,
Salzkannen und für Branntewein
Flaschen und Gläser, groß und klein.
Von Wallerfangen Frühstückstassen,
bedruckt, einfarbig und bemalt,
mit Henkel dran, um anzufassen,
acht Kreuzer wird für' Stück bezahlt.
Verschiedene Muster Kaffeekannen,
Lavoir mit Becken, Büttchen, Wannen,
Compottchen, karree und gerippt,
und runde Tassen blau getippt.
Dergleichen mit Rosettenkränzchen,
auch marmorierte, rot und blau
und Vöglein drauf mit roten Schwänzchen,
sieht hier man ausgestellt zur Schau.
Salatchen, Teller, Steingutplatten
für Fische, lang und rund für Braten,
Nachttöpf' mit rund und flachem Rand
und Porzellan aus Sachsenland.«

Ein Zeitgenosse schrieb damals über den »wandernden Steinguthändler Zirbes: »In Wind und Wetter ziehen die Wanderer umher. Ein Strohbündel ist ihr Lager, die dürftigste Kost ihre Nahrung und der Ertrag des Handels lässt eben auch keine Seide gewinnen…« .

Das Original unter den Hausierern war der in der Eifel bekannte »Hornickel«. Seine Welt war die Landstraße. Ärmlich gekleidet, oft nur in Lumpen oder Sackleinen gehüllt, mit einem tief heruntergezogenen Hut auf dem Kopf und einem Sack auf dem Rücken, war er der Kinderschreck. Man wagte sich nicht nah an ihn heran, Kindern drohte man mit: »Der Hornickel wird dich mitnehmen.« Von ihm wurde eine Postkarte mit seinem Konterfei vertrieben, auf der zu lesen stand:

Von Andernach bis Gerolstein,
da ist die ganze Eifel mein,
von Gerolstein bis Trier,
gehört sie auch noch mir!

Das Original hatte es nicht immer leicht. Oft musste er sich Beschimpfungen anhören, wurde von den Einheimischen ob seines Aussehens beleidigt, von der Polizei verfolgt und aus Ortschaften hinausgewiesen. Was er sich zuschulden kommen ließ, ist nicht überliefert.

Zu einer besonderen Gruppe Eifeler Originale gehörten die Musikanten. Sie brachten in den eintönigen Alltag der Menschen oder in die ruhevolle Stimmung der Sonntage etwas Abwechslung. Sie kamen mehrmals im Sommer in die Dörfer und Städtchen und gaben hier ihr Standkonzert. Die Trupps bestanden mal aus vier oder fünf, mal aus über zehn Mann, die sich auch untereinander abwechselten und ihre Auftritte genau planten. Stets trugen sie blaue Kittel und blaue Schirmmützen. Die Dorfmusikanten spielten auf Blasinstrumenten: Trompete, Horn, Klarinette. Sie platzierten sich im Dorf am Brunnen und legten mit einem zünftigen Marsch los. Läden und Fenster öffneten sich, die Jugend stürmte hinaus und umlagerte sie. Fuhrwerke hielten an, Bauern lauschten und suchten nach einem Heller in ihren verstaubten Taschen. In einer Mütze sammelte sich das Kleingeld. Das Platzkonzert dauerte vielleicht eine Stunde, ehe nach dieser willkommenen Abwechslung der bäuerliche Alltag wieder seinen gewohnten Gang nahm. Der letzte Musikantentrupp wurde 1916 in einem Dorf bei Daun gesehen.

Als ein hochangesehener Wandergewerbeberuf in der Eifel galt der Postillion. Wichtige Querverbindungen in verkehrswirtschaftlicher Hinsicht wurden durch Postkutschenlinien hergestellt. Dieser Kutschenverkehr unterstand den Posthaltereien, die meist größere Bauern- und Fuhrbetriebe mit leistungsfähigen Pferden darstellten. Wirtschaftlich wichtige und günstig gelegene Orte besaßen derlei Posthaltereien.

Reisende Handwerker zählten zwar nicht zum fahrenden Volk, sollen aber hier Erwähnung finden, da auch sie in regelmäßigen Abständen in die Bauernhäuser kamen. Schuster, Schmiede, Weber (das waren zumeist Maurer, die im Winter webten), Stellmacher, Sattler, Schmiede und Schreiner verrichteten hier ihre Arbeiten, da auf dem Bauernhof Werkzeuge und Rohmaterial wie Nägel, Draht, Glas oder Pech vorhanden waren. Wäscherinnen und Näherinnen kamen ebenfalls in die Häuser. Die Handwerker brachten auch neues Wissen mit ins Bauernhaus. So erfuhren die einfachen Bauersleute vom Nagelschmieden, Blaufärben, Backofenbauen oder Spinnrädermachen. Nach Zender (»Gestalt und Wandel«) waren sie die besten Sagenerzähler. Erst abends verließen die fleißigen Handwerker, nicht ohne einen »Trep« getrunken zu haben, mit einer Strohfackel oder einer Laterne den Hof, um nach Hause zu gelangen.

Fasicht

Nach Petra Heyer

Auch in der Eifel wird Karneval gefeiert und zwar ganz schön heftig.

Juh-Jah, so schallt es in der Eifeler Karnevalshochburg Blankenheim zur 5. Jahreszeit durch alle Straßen und Gassen. Im Jahre 1613 hat der Blankenheimer Graf Arnold II. die »Junge Mannschafts-Companie«, den heutigen Junggesellenverein, mit der Wahrung des karnevalistischen Brauchtums beauftragt. Im Übrigen sollte nicht unerwähnt bleiben, dass im Blankenheimer Sprachgebrauch das Wort »Karneval« nur im Hochdeutschen benutzt wird den in Blankenheimer Mundart heißt es »Fassenaach«

Heutzutage beginnt die närrische Zeit in Blankenheim am Sonntag vor Karneval mit dem »Schellebäumche« Es folgt Weiberdonnerstag, an dem die Frauen das Regiment führen.

Höhepunkt des Blankenheimer Karnevals ist der Geisterzug am Karnevalssamstag. Im Blankenheimer Geisterzug sind die Narren mit einem Betttuch maskiert. Mit einer Kordel werden zwei Ohren abgebunden. Eine weitere Kordel wird um den Hals gebunden. Dazu nimmt jeder Geist eine Pechfackel mit. So ausgestattet hüpfen und tanzen die Narren mit dem Ruf Juh-Jah durch den verdunkelten Ort, um als Frühlingsgeister die finsteren Winterdämonen zu vertreiben. Zur Musik des traditionellen Karnevalsmarsches »Juh-Jah Kribbel en d'r Botz« zieht der Blankenheimer Obergeist, der zugleich der gewählte Karnevalsprinz ist, mit seinem

Gefolge durch die Stadt:
»Juh jah, Kribbel en der Botz
Wer dat net hätt, dä es nix notz!
Juh jah, Kribbel en der Botz
De Fassenach es do!
Ne richtige Fastelovensjeck
Dä freut sich över jeden Dreck!

Juh Jah Kribbel en dr Botz
De Fassenaach es do!«

Der Obergeist reitet auf einem Pferd in der Menge mit und ist der einzige Geist, der Flügel an seinem Kostüm tragen darf. Vor ihm, an der Spitze des Zuges, laufen die beiden Jecke-Böhnchen im Geisterkostüm als »Vorspringer« auf und ab. Sie rennen dabei tänzelnd aufeinander zu und aneinander vorbei, bleiben schließlich stehen, drehen sich um und wiederholen nach kurzer Pause den Vorgang über den gesamten Zugweg. In Bezeichnung und in der Rolle, dem Zug voranzuspringen sind sie mit dem Geckenbähnchen verwandt, der ab dem Mittelalter in Köln und anderen rheinischen Städten den Umzügen voraussprang. Die beiden Jecke-Böhnchen haben auch außerhalb des Geisterzuges eine feste Rolle im Blankenheimer Karneval und tragen dort eine eigene Uniform.

In Hillesheim ruft man Dreimol Karneval Alaaf

In Prüm ist der Prümer Hanswurst die Zentralfigur des Karnevals. In früheren Zeit hatten die Bürger zu Karneval einmal im Jahr Gelegenheit, ihren Oberen ungeschminkt die Meinung zu sagen, sie zu hänseln und die Zustände zu kritisieren. In Prüm traten die Wortführer als die Prümer Hanswürste auf. Gekleidet wie die Hofnarren in der jeweils geänderten Mode maskierten sie sich sorgfältig, denn unerkannt fühlten sie sich sicher vor möglichen Vergeltungsmaßnahmen der vielleicht allzu sehr gefoppten Herren.

In Gerolstein regieren die Burgnarren seit 1952.

In Daun regiert zur 5. Jahreszeit die Dauner Narrenzunft. Es gibt sie schon seit 1876. Am Samstag vor dem Fastnachtssonntag trafen sich Junggesellen des kleinen Städtchens Daun, zogen sich nach Einbruch der Dunkelheit weiße Betttücher über den Kopf und zogen mit schaurigem Gestöhn und grellen Schreien, mit brennenden Stalllaternen als

»Geisterzug« durch die Stadt. Das Symbol der Dauner Fasenacht war der »Maikäfer«. Kunstvoll war das Tier geschnitzt und auf einen Wagen gesetzt worden. Dieser Dauner Maikäfer, mit langen Hörnern und großen Augen, führte den Fastnachtszug an. Zur Freude der Zuschauer pustete er vorn und hinten Konfetti aus sämtlichen »Löchern«. So wie der echte Maikäfer nur alle 4 Jahre aus seinem Entwicklungsstadium ans Licht der maifrischen Welt krabbelt, so (nur alle paar Jahre) fand auch der Dauner Fastnachtszug statt.

Flotte Sprüche

Es trinkt der Mensch, es säuft das Pferd, in der Eifel ist es umgekehrt!

Attila der Hunnenkönig, aß zuviel und trank zuwenig, deshalb starb er nicht im Kampfe, sondern an einem Magenkrampfe.

Auf dass diese braune Jauche Wellen schlage in unserem Bauche.

Aus Korn wird Brot, aus Brot wird Leben. Geben bringt Leben, Erraffen den Tod.

Austern, Braten und Kapaune, machen einen dicken Bauch. Glaubt es mir, ihr Kameraden, dieses Essen schmeckt euch auch.

Bist du voll so leg dich nieder, nach dem Schlafen saufe wieder. So vertreibt ein' Sau die ander', spricht der König Alexander.

Bescheidenheit, Bescheidenheit, verlass mich nicht bei Tische, und gib, dass ich zur rechten Zeit, das größte Stück erwische.

Das Messer blitzt, die Schweine schrein, man muss es halt benutzen. Denn jeder denkt: Wozu das Schwein, wenn wir es nicht verputzen.

Das Schwein, das ist ein gutes Tier, es grunzt und wühlt im Dreck. Besonders aber lieben wir, das Fleisch und auch den Speck.

Der Esel pupt, die Katze schreit, es lebe die Gefräßigkeit.

Der eine hat Hunger und kein Brot, der andere hat Brot und mag nicht essen. Wir haben Hunger, haben Brot, lasst uns den Dank nicht vergessen.

Der Magen einer Sau, das Herz einer Frau, der Inhalt einer Leberwurst, die bleiben immer unerforscht.

Der Mond scheint hell, die Füße dampfen, das ist die rechte Zeit zum Mampfen.

Der Tisch ist voll, der Magen leer, es riecht nach Essen hier schon sehr. Drum ess ein jeder was er kann, nur nicht seinen Nebenmann.

Die Ameise im Brot, bedeutet nicht den Tod. Die Made in der Suppe, die ist uns völlig schnuppe.

Ein Rappe, der nicht läuft, ein Kosake, der nicht säuft, eine Minka, die nicht stille hält, gehören nicht auf diese Welt.

Es wird mit Recht ein guter Braten gerechnet zu den guten Taten, und dass man ihn gehörig mache, ist weibliche Charaktersache. (Wilhelm Busch)

Hast du Hunger, knurrt der Magen, jedes Mahl wird dir behagen, Bist du satt, stellt sich leicht ein übler Nörgler Laster ein.

Lirum, larum, Löffelstiel, alte Weiber essen viel, junge müssen fasten, das Brot liegt in dem Kasten, das Messer liegt daneben, ha, welch' ein lustig Leben.

Nach langer dunkler Nacht sind heiter wir erwacht und sitzen froh in dieser Runde nun in der frühen Morgenstunde; mag das Frühstück uns gut munden, stärken für die Wanderrunden.

Nix verschlabbert, nix verschütt', Guten Appetit!

Piep piep piep wir ham' uns alle lieb. Ein jeder esse was er kann, nur nicht seinen Nebenmann. Und wir nehmens ganz genau: Auch nicht seine Nebenfrau. Hat er sie dann doch gegessen, Zähneputzen nicht vergessen. Piep piep piep wir ham' uns alle lieb.

So steckt eure Löffel zusammen und schwört in drei Teufels Namen, dass der, der schlecht und recht erwischt, nicht auf den andern neidisch ist.

Und wenn sich Tisch und Balken biegen, wir werden den Fraß schon runterkriegen.

Wer die Bäume hat bewipfelt, wer die Burschen hat bezipfelt, wer die Mädchen hat gespalten, dem sei dieser Spruch erhalten.

Wer immer nach dem Nutzen strebt, der glaubt wohl, dass er ewig lebt. Sonst würd' er vor der Frage stutzen: Am letzten Tag, wo bleibt der Nutzen.

Wer lieber wie ein Krösus speist, wär' besser gar nicht mitgereist! Denn was an diesem Mahl gefällt ist der Verzicht auf's große Geld. Auch ohne Kaviar und ohne Lachs, wir sind die Meister des Geschmacks.

Wo Landsknechte sieden und braten, wo Pfaffen zu Weltlichem raten, wo Weiber führen das Regiment, da nimmt es selten ein gutes End.

Zum Festmahl der Helden stets Odin empfing, den Wikinger der ins Totenreich ging. Doch besser noch als ein Feiern bei Gott, ist Schmausen im Leben und Fasten im Tod.

Spruchweisheiten

Die Liebe gleicht einem Suppentopf,
drin Hammelfleisch und Knochen.
Wenn du nicht stets das Feuer schürst,
dann hört es auf zu kochen.

Genieße, was dir hier beschieden,
entbehre ganz, was du nicht hast.
Ein jeder Stand hat seinen Frieden,
ein jeder Stand hat seine Last.

Sei zum Geben stets bereit,
miss nicht kläglich deine Gaben.
Denk: In deinem letzten Kleid
Wirst du keine Taschen haben.

Etwas das und etwas dies
Ist die ganze Kunst.
Nicht zu sauer, nicht zu süß,
bringt's dir reichlich Gunst.
Und was man einst am meisten pries
Wird später häufig eitel Dunst.

Gedanken einer Wurzel

Wer bestimmt eigentlich, was Schönheit ist? Der Begriff ist doch sehr relativ. Bin ich nicht schön, ich alte Wurzel?

Mein Körper ist alt, die Arme haben sich seltsam verrenkt, die Jahre haben mich verbogen. Als ich jung war, war alles schnurgerade, von der Hauptader bis in die feinsten Ästchen. Ich konnte meine Arme tief ins Erdreich stecken, ich konnte nach Wasser greifen, ich erfand Umwege, um die Nahrung für den Baumstamm zu finden.

Mir war nichts zu viel, doch ich spürte auch Widerstand. Ich habe mit meinen langen zarten Wurzelarmen manchen harten Stein umklammert und überlistet. Die Steine und das Erdreich gaben mir Halt, damit ich die Last des Stammes tragen konnte; besonders im Herbst, wenn der Sturm an dem Baum zerrte und rüttelte.

Jahrhunderte lebte ich im Dunkeln, verborgen in der Erde, ohne Licht. Das war oft hart, aber es war meine Bestimmung. Immerhin wäre der Baum ohne mich nichts.

Nach dem Sturz des alten, morschen Baumes trat ich dann irgendwann an die Oberfläche, ein Mensch fand Gefallen an mir, trug mich nach Hause und reinigte mich. Aus einem Nützling wurde ich nun zu einem Schönling, ja zu einem Schmuckstück, denn: Mein Herr fügte mich der häuslichen Krippe hinzu, ich bin gar ein tragendes Teil der Grotte geworden, in dem die Heilige Familie das Kind Gottes zur Welt brachte!

Ich das nicht eine Ehre? Bin ich nicht schön, auch wenn ich alt bin?

Gedanken eines Wegekreuzes

Unbeachtet steh' ich hier am Wegesrand.
In früheren Jahren viel Beachtung ich fand.
Aufgestellt aus besonderem Grund
hört' ich manch Gebet aus frommem Mund
vom Wanderer, der, mich beachtend, hier verweilte
und nicht in Hetze und Stress gedankenlos an mir vorbeieilte.

Wind, Wetter und Umweltbelastung haben mich arg
zerzaust;
auch mancher Autofahrer an mir vorbeibraust
statt einmal anzuhalten, in Besinnung die Hände zu falten
und nachzudenken über den Sinn des Lebens;
ob nicht die Hektik und das übertriebene Streben nach
Reichtum doch vergebens.

Denke einmal darüber nach,
ob nicht Ruhe und Leben mit Gemach
dazu führen kann,
dass nicht auch deinen Namen man
dereinst als Inschrift in einem Mahnmal wie dem meinen
lesen kann – gestiftet von den Seinen –
mit dem Satz in Stein gemeißelt:

»HIER VERSTARB ER, WEIL ER VON DER EILE WARD GEGEISSELT.«

Geputzt und verpackt

Spiegelbericht vom 21. Juli 1949

»Herr Landrat, Herr Landrat, Sie reden sich noch um Kopf und Kragen«, besänftigte rheinpfälzischer Ministerpräsident Peter Altmaier den Prümer Kreischef Johannes Rüdel nach Mitternacht in dessen zerstörter Wohnung.

»Es ist sehr offen gesprochen worden«, bestätigte Prüms Kreispolizeikommissar Franz Meyer. Von den zahllosen Eingaben war die Rede, in denen die Räumung der Munitionsstollen auf dem Kalvarienberg gefordert wurde. Auf dem fuhren noch 1948 dienstverpflichtete Lkw. mit Minen,

Bomben und Granaten und roter Heckflagge. Wehrmachtsbestand. Vor der Einlieferung wurden sie geputzt und in Holzkisten verpackt. Auf Befehl der Besatzung.

Die Bau- und Finanzkommission tagte unter Prüms Amtsgerichtsrat und Bürgermeister Dr. Kiefer, als Freitagabend die Brandglocke läutete. Von der evangelischen Kirche. Da wurden am anderen Tage die Toten aufgebahrt. Die Kommissionäre ließen sich nicht unterbrechen. Sie hielten das Gebimmel für Waldbrandalarm. Im Marktcafé Harlimont tagten drei andere Prümer. Sie hatten Lohntag. Und Schnaps. Als die ehemaligen Minensucher die Brandglocke hörten und das Stichwort Kalvarienberg, wußten sie was die Stunde geschlagen hatte. Sie zogen der Feuerwehr nach. 140 Mann. Aber Polizeichef Meyer kommandierte sie zurück. Die eisernen Stollentüren glühten schon.

Stattdessen gab Polizeikommissar Franz Meyer Räumungsbefehl für Prüm. Zusammen mit Landrat Rüdel, der die Akten zuklappte und ihn auf halber Kalvarienhöhe traf. In einer knappen Stunde war Prüm von 2700 Einwohnern geräumt. Fast. Nur wenige blieben zurück. Die meisten in Kellern. Sie hatten fünffachen Bombenteppich und fünffachen Besatzungswechsel ausgehalten. Erster US-Stadtkommandant riet damals, Prüm einfach an anderer Stelle neu aufzubauen. Wegen der über 90prozentigen Zerstörung. Die Prümer lehnten ab.

Als die Invasion Prüm erfasste, fand sie als einzigen Menschen »Zimmesch Kettchen«, Katharina Zimmer. Das war Prüms 72jährige Stadtnärrin, die alle Prominenten als ihre Brüder ausgab (von Adolf Hitler bis zum Dechanten der Salvator-Kirche, Kleusch). Sie war als einzige zurückgeblieben im Keller des Konvikts. Sie war unter den zehn Toten der Juli-Explosion, die Prüm noch einmal zerstörte. Gendarmeriemeister Ohberg mit seinem Schwager Josef Remmelt, aus Trier zu Besuch, saß noch im verbogenen Flitzer vor der Dienststelle. Die Köpfe fehlten.

700 t Munition pulverisierten 350000 Kubikmeter Rotsandstein (Explosionskrater 50 Meter tief, im Bild rechts)

und streuten ihn über die Stadt. Als Staub. Der lag auf 1600 Morgen Gärten, Wiesen und Felder.

Lazaristenpater Greitmann der Missionsschule Niederprüm fotografierte die Explosion. Druckereibesitzer und Lokalkorrespondent Carl Anders wollte die drei Aufnahmen für seinen »Trierischen Volksfreund« sichern. Beim Entwickeln des Films war nichts drauf. Unbekannter Konkurrenzreporter von der »Kölnischen Rundschau« hatte den Katastrophenfilm für Handgeld erworben und gegen unbelichteten ausgetauscht.

Hei jet es deftisch jeschaant!

Von Rosi Nieder

Sakratjiewel, ei Dunnerwäda,
wat as das hey da fier e Gehäder?
Dou Beest, dou Depp, dou aal Schloterfaaß,
dou Dräkhommel, Flantes, Hospes, dou Aas,
dou Leytsgeheyer, dou Lumpekriemer,
hey get et gleyich mol en richtigen Diemer.
Dou Boxeschesser, dou Knuseldeppen,
dou kres gleych en Geeßel op de Reppen.
Jo, an keener Sprooch geht dat Schänen su glatt,
wie an eesem Eefeler Platt.

Äwer net nur geschänt get an eeser Sprooch,
e poar leewer Wearter get et och.
Ma vertret sich, ma hot sich gear,
äwer ous Liebe mächt ma keen gruß Affair.
Ma kaan sich knutschen oder kessen,
ma hädelt sich, hot e goot Gewessen,

Ma säät »mey Leefi« oder »mey Schaatz«,
un denkt sich »monchmol as et och en Kaatz«
Wearter wie »Ich liebe dich« dohn Eefeler vermeiden,
die sohn hiestens »Eych kaan dich extra goot leiden.«

Mir schwääzen, mir schnessen, mir schwadroneeren,
mir schnodern, sohn eppes un kritiseeren.
Ob Schänen, Loben, en kurze Gruß oder en langer Debatt,
mir Eefeler kinnen dat alles – an Platt.

Heimat – neu definiert

Der Begriff »Heimat« hat schon einige Bedeutungswandel »durchgemacht«. Führte man ihn früher ganz und gar einer Örtlichkeit zu (Geburtsort, das Aufwachsen in einer vertrauen Umgebung), so ist die Dimension von Heimat heute eine viel weitere und offenere. Man unterscheidet vier Ebenen, die »Heimat« widerspiegeln:

1. Die räumliche Dimension
2. die zeitliche Dimension
3. die soziale Dimension und
4. die kulturell-spirituelle Dimension.

»Heimat als Nahwelt, die verständlich und durchschaubar ist, als Rahmen, in dem sich Verhaltenserwartungen stabilisieren, in dem sinnvolles, abschätzbares Handeln möglich ist – Heimat also als Gegensatz zu Fremdheit und Entfremdung«, so definiert sie der Wissenschaftler heute mit Blick auf die erweiterte Sichtweise.

»Heimat – A German Dream« heißt ein englisches Buch. Die Autorinnen versuchen ihren Landsleuten das deutsche Wort mit den Begriffen »homeland« und »roots« nahe zu bringen – der Ort der Verwurzelung. Dieser Ort kann für jeden einzelnen ein anderer sein: das geduckte Dorf in der Eifel, der Krabbenkutter-Hafen in Friesland, die Mietskaserne mit vier Hinterhöfen in Kreuzberg, die hohen Wälder Thüringens, Bayerns Alpenpräludium, Fachwerk im Harz, das flache Tellerland der Küstenköge, die grünen Hügel Hessens, die schwarze Zechensiedlung im Ruhrgebiet, die ausgefransten Kiefern der Mark Brandenburg, die dunklen Tannen des Schwarzwaldes, Nordseewatt und Ostsee-Bodden, Inselstrand und Weinberge, Ströme und Fabriken, Werften, Sägereien, Marktplätze, Glaspaläste, Kirchturmglocken und Türme, kleine Häuser, große Häuser – Orte, wo Wurzeln haften.

Aber Heimat ist noch mehr. Die Erinnerung gehört dazu, die ins unterbewusste Gedächtnis eingebrannte Mischung aus Geschmack, Geruch, Geräuschen, der Duft von Bratwurst und Rotkohl auf dem Küchentisch, das grelle Gelächter der Möwen im Himmel, der Schrei der Bussarde, die hohen Wolken, die Luft, die nach salziger See riecht oder dem Morgennebel über herbstlichen Wiesen. Heimat ist Weißwurst und Weizenbier, der Dialekt der Kindheit, das Klopfen der Skatkarten auf dem Wirtshaustisch, die Lieblingsmusik der Eltern, das Gutenachtgebet, der Geruch von Lebkuchen und Weihnachtsbaum im Wohnzimmer und das Aroma der Sonntagsbrötchen.

Zeitliche und soziale Dimension meinen darüber hinaus die Vertrautheit mit den Menschen. Schuljugend, Kinderschar, Verein und Nachbarschaft – gerade im Umgang mit meist gleichaltrigen Mitmenschen wird Heimat erlebbar. Begegnungen unter Freunden, Messdienern, Vereins- und Arbeitskollegen prägen dieses soziale Element von Heimat, das aus Verlässlichkeit, Ehrlichkeit und Vertrauen genährt wird.

Auch schon vor seiner Geburt erfährt der werdende Mensch ein Stück Heimat. In der Gebärmutter findet er alles vor, was ihm Geborgenheit, Schutz, Wärme und

Nahrung vermittelt. Das werdende Kind lernt die Stimme seiner Mutter kennen, spürt das Streicheln über der Bauchdecke und bewegt sich im Rhythmus der Mutter mit. Das ist wohl die Urerfahrung von Heimat.

Heimat kann auch geistiger Art sein, wenn etwa Menschen die gleichen Überzeugungen teilen, wo sie mit ihren Ideen und Gedanken Akzeptanz finden oder wo man das Engagement des Betreffenden wertschätzt. Das kann im zivilen Bereich ebenso sein wie in der Kirchengemeinde, einer geistlichen oder politischen Bewegung. Aus christlicher Sicht gibt es auch so etwas wie »Heimat in Liebe«. Sich als Mensch angenommen wissen, Freud und Leid zu teilen, eine Eheversprechen abzulegen oder in der Trauer zusammenzurücken – all das umfasst auch der Begriff Heimat.

Für einen Christen hat auch die »ewige Heimat« eine tiefgreifende Bedeutung. »Wir sind nur Gast auf Erden und wandern ohne Ruh der ewigen Heimat zu«, heißt es in einem Kirchenlied. Ewige Heimat bedeutet im urchristlichen Sinn die Erfüllung unserer Sehnsucht nach der Nähe bei Gott und ewigen Glücks – ohne Krankheit, Not und Todesangst. Nach dem irdischen Gang ist der Tod dann so etwas wie eine Neugeburt in eine viel vollkommenere Welt. Am Ende der irdischen Reise ist Heimat dann nicht mehr orts- und traditionsverbunden, sondern nur noch gottbezogen.

Solange Heimat da ist, spürt man sie kaum. Erst wenn sie fehlt, erkennt man ihren Wert.

Heimat – poetisch

»Sie nährt uns, löscht den Durst und bringt Kühlung. Heimat ist Licht, das immer leuchtet. Heimat ist der Ruf der Erde, des Glaubens, der Treue. Heimat ist Ruhe des Herzens…«

Verfasser unbekannt

Heinzelmännchens Auftritte

Unveränderter Originaltext von August Kopisch (1836)

Wie war zu Köln es doch vordem
Mit Heinzelmännchen so bequem!
Denn, war man faul, … man legte sich
Hin auf die Bank und pflegte sich:
Da kamen bei Nacht,
Ehe man's gedacht,
Die Männlein und schwärmten
Und klappten und lärmten,
Und rupften
Und zupften,
Und hüpften und trabten
Und putzten und schabten …
Und eh ein Faulpelz noch erwacht, …
War all sein Tagewerk … bereits gemacht!

Die Zimmerleute streckten sich
Hin auf die Spän' und reckten sich.
Indessen kam die Geisterschar
Und sah was da zu zimmern war.
Nahm Meißel und Beil

Und die Säg' in Eil;
Und sägten und stachen
Und hieben und brachen,
Berappten
Und kappten,
Visierten wie Falken
Und setzten die Balken …

Eh sich's der Zimmermann versah …
Klapp, stand das ganze Haus … schon fertig da!

Beim Bäckermeister war nicht Not,
Die Heinzelmännchen backten Brot.
Die faulen Burschen legten sich,
Die Heinzelmännchen regten sich –
Und ächzten daher
Mit den Säcken schwer!
Und kneteten tüchtig
Und wogen es richtig,
Und hoben
Und schoben,
Und fegten und backten
Und klopften und hackten.
Die Burschen schnarchten noch im Chor:
Da rückte schon das Brot, … das neue, vor!

Beim Fleischer ging es just so zu:
Gesell und Bursche lag in Ruh.
Indessen kamen die Männlein her
Und hackten das Schwein die Kreuz und Quer.
Das ging so geschwind
Wie die Mühl' im Wind!
Die klappten mit Beilen,
Die schnitzten an Speilen,
Die spülten,
Die wühlten,
Und mengten und mischten

Und stopften und wischten.
Tat der Gesell die Augen auf, …
Wapp! hing die Wurst da schon im Ausverkauf!

Beim Schenken war es so: es trank
Der Küfer bis er niedersank,
Am hohlen Fasse schlief er ein,
Die Männlein sorgten um den Wein,
Und schwefelten fein
Alle Fässer ein,
Und rollten und hoben
Mit Winden und Kloben,
Und schwenkten
Und senkten,
Und gossen und panschten
Und mengten und manschten.
Und eh der Küfer noch erwacht,
War schon der Wein geschönt und fein gemacht!

Einst hatt' ein Schneider große Pein:
Der Staatsrock sollte fertig sein;
Warf hin das Zeug und legte sich
Hin auf das Ohr und pflegte sich.
Das schlüpften sie frisch
In den Schneidertisch;
Da schnitten und rückten
Und nähten und stickten,
Und fassten
Und passten,
Und strichen und guckten
Und zupften und ruckten,
Und eh mein Schneiderlein erwacht:
War Bürgermeisters Rock… bereits gemacht!

Neugierig war des Schneiders Weib,
Und macht sich diesen Zeitvertreib:
Streut Erbsen hin die andre Nacht,

Die Heinzelmännchen kommen sacht:
Eins fähret nun aus,
Schlägt hin im Haus,
Die gleiten von Stufen
Und plumpen in Kufen,
Die fallen
Mit Schallen,
Die lärmen und schreien
Und vermaledeien!
Sie springt hinunter auf den Schall
Mit Licht: husch husch husch husch! – verschwinden all!

O weh! nun sind sie alle fort
Und keines ist mehr hier am Ort!
Man kann nicht mehr wie sonsten ruhn,
Man muss nun alles selber tun!
Ein jeder muss fein
Selbst fleißig sein,
Und kratzen und schaben
Und rennen und traben
Und schniegeln
Und biegeln,
Und klopfen und hacken
Und kochen und backen.
Ach, daß es noch wie damals wär!
Doch kommt die schöne Zeit nicht wieder her!

Herbstfantasie

Am Anfang war ein Bäumchen mit zwei Stämmen, später kam durch menschliches Zutun ein kleines Leiterwagenrad hinzu. Zum Glück fand das Rad im betagten Alter zwei hilfreiche Nachbarn, die es stützend aufnahmen. Das Rad nahm das Angebot dankend an und verwuchs dabei mit beiden Stämmen zu einer Einheit. Eines Tages war eine Baumhälfte so hoch, dass sie eine Oberleitung bedrohte. Nette RWE-Mitarbeiter schnitten ober- und unterhalb der Verwachsung die Baumhälfte ab, ließen dem Rad aber die vertraute »mittige« Heimat.

Nun ist es umgekehrt mit der Nachbarschaftshilfe. Das Rad gewährt dem Baumstück Stütze und kann so einiges an »Freundschaft« zurückgeben …

Herbstgedanken am See

Von Joachim Schröder

Auf Prümtal's Feldern, Wiesen, Fluren,
vernehme ich manch' Lebensspuren.
Der Herbstwind pustet über's Feld,
ich wandere wie's mir gefällt.

Am Zoosee, welch ein Farbenrausch!
Ein Vogel singt ein Lied – ich lausch'.
Und Blätter rieseln ohne Zahl,
ein Wanderglück – im bunten Tal.

Der Herbst malt hier sein Kunstwerk wild,
die Farben klingen wie ein Bild.
Ein Säuseln durch die Äste streicht,
die Fülle des Herbstes ist erreicht.

Da stört auch nicht der Gänse Schrein',
der Auerhahn putzt sich so fein.

Das Abendrot voll Glanz und Schein –
es leuchtet in die Nacht hinein.

Die Menschen geh'n zur Abendruh',
da schließ auch ich die Augen zu.
Traum, Wirklichkeit und Zuversicht:
Werde Mensch, vergiss dich nicht.

Nicht: Träume dein Leben!
Auch wenn's nicht immer grad und eben.
Nein: lebe deinen Traum!
Ergreife die Zeit, nutze den Raum.

Herr M. besingt die Eifel

Unveränderter Originaltext von 1911

Der unbekannte Dichter steht auf der Karlshöhe und Kallipse, die Muse, weist ihm den Zauber der schönsten Aussicht:

»Von dieser Höhe flog mein Blick
Nach allen Seiten weit ins Land.
Vor mir die Stadt, und drüben lag
Ein Landstrich, zwanzig Meilen weit,
In vielgestalter Schöneheit Glanz.
Aus flacher Flur und Waldesgrün
Ein Kirchturm lugte hier und dort
Und hob sich scharf vom Dämmerschein
Des Abends, der die Welt umpfing.«

Kalliope aber mahnt ihn, höher zu steigen und den Blick gen Westen zu wenden:

»Ich tat's. Da sah ich Stunden weit
Nach Spa und Lüttich hin von Wald
Gekrönte Wellen, Berg und Tal,
Durch die vom Morgen bis zur Nacht
Du wandern kannst auf kühlem Pfad,
Der schattig sich durchs Dickicht zieht ...
Von weitgereisten Leuten hört
Man rühmen dieses Landschaftsbild,
Als sei es schön in seiner Art,
Wie kaum ein andres auf der Welt.«

Ein andermal wandert Mister X zur alten Linde von Laurensberg:

»Ein Hügel, Laurensberg genannt,
Mit Kirche, Pfarrhaus, Schule drauf
Und einem Friedhof um die drei
Liegt kaum ein Stündchen vor der Stadt.
An einem Nachmittage saß
Im Schatten ich des alten Baums,
Der dort im Gottesacker grünt.
Ein lieblich Fleckchen! dachte ich
Und schaute rings ins weite Land.
Wie friedlich still! Kein Lüftchen hob
Die Schwingen in der schwülen Luft.
Was hat seit ihrer Jugendzeit
Die alte Linde schon gesehn!
Und da ich sann, erklang vom Turm
Der Abendglocken Läuten. Frau'n
Zu zwei'n und dreien stiegen still
Den Pfad vom Dorfe hügelwärts,
Und aus des Pfarrhofs Türe kam
Hochwürden mit dem Messner auch.
Mit ihnen trat ins Gotteshaus
Ich ein, das alt war wie der Baum,
Und dachte der Geschlechter, die
Hier kamen, gingen, Gottes Wort

In diesen Mauern hörten, hier
Mit Hymnen und Gebeten sich
An Gott gewandt, die Heil'ge Schrift
Gelesen und den Segen hier
Gespendet …
Leis verklang das Lied,
Und alle gingen ihres Wegs.«

Von der Brander Höhe aus schweift sein Blick über eine herrliche Landschaft:

»So kamen wir bis Brand und sah'n
Ein wunderschönes Bild, so daß
Bewund'rung lähmte unsern Mund.
Unendlich dehnte sich das Tal.
Die Eifel lag vor unserm Blick
In klarer Sicht. Am Himmel stand
Kein Wölkche, das die Ferne hüllt.
So schauten wir weit, weit hinaus.
Still lag das Land im hellen Licht
Des Tages hingedehnt. Uns schien,
Als säh'n wir tausend Meilen weit …«

Vor Kornelimünster lockt ihn die Klause in ein halb ernstes, halb heiteres Philosophieren:

»Von Brand aus sinkt die Straße nach
Kornelimünster sanft ins Tal.
Ein grau Kapellchen grüßte von
Umbuschtem Hügel, wo vordem
Ein frommer Eremit gewohnt;
So sagt man, und es gilt für wahr. –
Ich habe oft gegrübelt, wie
Wohl Eremiten sich genährt,
Und hab' es nie begriffen. Zwar
Von allen Kreaturen ist
Der Mensch die wandelbarste.

Er Bewährt in allen Zonen sich
Von Pol zu Pol in jeder Not,
Beweibt und ledig, ob allein
Für sich, ob herdenweise. Doch
Was so ein Eremit verspeist
Auf nackter Felsenspitze, bleibt
Mir schleierhaft wie Algebra –
Wenn gute Menschen Butter nicht
Und Eier, Käse, Brot gebracht
Und ab und zu ein Schöppchen Wein!«

Und nun drunten im Tal:

»Ein Städtchen, alt, mit weitem Markt,
Geräum'ger Kirche«,

Und ein buntes Kirchweihtreiben vor der Abtei:

»'s war Kirmes. Pfefferkuchen stand
Und Puppenkram zu bill'gem Kauf,
Dazwischen Angedenken an
Die Heiligtümer, Bild und Ton.«

Droben von der Höhe grüßte die alte Pfarrkirche ins Tal:

»… Es hebt
Auf hohem Hügel vor der Stadt
Ein andres Kirchlein sich. Das Tor
Verriegelt, ragt es altersgrau
Aus Tagen, da der Christengott
Den Weg sich brach in dieses Tal.«

Ein Fußmarsch von Herbesthal aus führte zur Talsperre der Gileppe:

»… Flußaufwärts schritt
Auf guter Straße zwischen zwei

Geteilten Hängen unser Fuß.
Nicht lang, so grüßte uns der See
Gileppe, unser Reiseziel:
Ein Werk geschickter Technik, das
Für Verviers Fabriken staut
Des Hochlands Bäche. Riesig ragt,
Erinnernd an das alte Rom,
Die Mauer, zwanzig Klafter hoch,
Und schließt das weite Tal. Ein See
Nimmt alle Wasser in sich auf.
Hoch oben auf der Mauer hält,
Aus Kalksteinblöcken aufgetürmt,
Der Löwe Belgiens trutzig Wacht.«

Ein Jubelruf entringt sich dem Herzen unseres Dichters:

»Dies Land ist schön! Nur der Post
Vermag es recht zu preisen wohl.
Nicht wild wie Schottland, nicht so hehr
Wie Alpenfirnen – ein Gebirg
Von milde Schöne; wipfelgrün
Auf Hügeln, reiches Weideland
In Tälern, hier und da geduckt
Am Felsenhang ein Bauernhaus.«

Über Altenberg ging es heimwärts nach Aachen:

»Das Land, das wir durchzogen, war
Bezaubernd rings. Durch grüne Nacht
Der Wälder führte uns der Pfad.«

Und eines Tages bricht Mister X zu einer großen Fahrt in die Hocheifel auf, um einen englischen Freund zu besuchen, der in Ligneuville (Engelsdorf) ein Haus gekauft und eine Familie gegründet hatte. Der ganze 6. Gesang ist den Abenteuern dieser Fußreise von Stavelot die Amel (Ambléve) hinauf nach Engelsdorf gewidmet. Sie beginnen schon in Stavelot mit Schwierigkeiten der Sprache: Er fragt französisch, und man antwortet ihn auf Wallonisch:

»... einem Platt, das halb
Franzosisch ist, doch untermengt
Mit andern Sprachgebilden und
Zumal mit Spanisch, wie man sagt.
Es ist Französisch, wie's Comines,
Des elften Ludwig Kanzler, sprach.
Man hört' es so vielleicht noch vor
Des Sonnenkönigs goldner Zeit.
Geschrieben wird es kaum mehr und
Gesprochen nur vom Landvolk hier.«

Von den zwei Wegen, die ihm genannt werden, schlägt Mister X den Fußpfad durchs Ameltal ein:

»Der Tag war heiß. So schlug ich denn
Den Fußweg ein den Fluß entlang
Durch schattig-kühlen Wald. Das Land
Zur Rechten wie zur Linken lag
In wunderbarem Zauber, und
Des Flusses Rieseln über Fels
Und Kieselsteine war Musik ...
So zog ich Stund' um Stunde durch
Das Land, das immer gleich sich blieb.
Die Sonne sank zur Abendruh.
Der wald'gen Hügel Schatten fiel
Verdunkelt in ihr warmes Licht.
Kein Blättchen regte sich. Es stand
Der Himmel klar und wolkenleer,
Und nur des Stromes rasche Flut
Schoß unaufhörlich murmelnd hin.
Die Stille atmete Gesang.
Wie schön war dieser Gang zu Fuß,
So ganz allein mit mir!«

Weit und breit keine Menschenseele, die solche Poesie der Landschaft hätte stören , keine aber auch, die über den Weg nach Engelsdorf hätte Auskunft geben können. Doch da: eine Viehherde und hinter ihr zwei Gestalten:

»Ein Mann, ein Mädchen – Vater wohl
Und Kind – die heimwärts für die Nacht
Die Kühe trieben hin zum Stall.
Der Mann trug eine Sichel, und
Des Mädchens Kopf ein Bündel Korn,
Und beide gingen in der Tracht
Der Bauern vom Ardenner Wald.«

Mister X erhält – auf – Wallonisch – freundliche Auskunft:

»Es sei
Zwei Stunden noch stromüber und
Bergan bis Engelsdorf zu gehen.«
Ein Trunk frischer Milch erquickt den müden Wanderer, der herzlich dankt und weiterzieht:

»Ich schritt des Wegs sturmüber und
Bergan im Zwielicht. Dämmerung sank
Mit schweren Schatten schnell herab.
Gerade vor der Brücke bot
Ein Bauernhäuschen Raum zur Rast
(So dacht' ich), wenn ich nicht mehr fand
Im Finstern meines Freundes Haus.
Der Wald umrauschte meinen Weg,
Der nun sich gabelte. – Wohin?
Nach rechts? Nach links? Ich wußt' es nicht
Und wandte mich zurück aus Angst,
Ich liefe irr und müsste gar
Hier draußen schlafen im Gebüsch.
So wollt' ich auf dem Bauernhof
Den Weg erfragen, oder dort
Die Nacht verweilen. –

Kaum umfing
Des Waldes Dunkel mich aufs neu,
da tauchten plötzlich rechts und links
Gestalten mit Gewehren auf:
Zwei Riesen sperrten mir den Weg!«

Es sind preußische Zöllner, die Mister X für einen Schmuggler angesehen hatten. Sie zeigen ihm den Weg, der den allein Weiterschreitenden indes wieder zu einer Kreuzung und dann in die Irre führt. Die Lichter von Engelsdorf, die ihm schon von ferne leuchteten, sind wieder verschwunden. Der Weg verliert sich im Sumpf. Schon wartet der Wanderer knöcheltief im Schlamm:

»›Du lieber Himmel!‹ seufzte ich,
›Wo steck' ich jetzt? Was soll ich tun?‹
Todmüde war ich. Aber hier
Zu hocken und zu jammern, hilft
Nicht weiter! Raus aus dem Morast
Und dann gewartet, bis um Zehn
Herr Mond zum Aufgehn sich bequemt!«

Ein Pfad bergauf ins Gebüsch. Er folgt ihm:

»... da vernahm
Im Wald ich Stimmen, und dann sah
Zwei Schatten mit Gewehren ich
Sich nähern, Seltsam! dachte ich.
Dies Land ist voll von Männern mit
Gewehren, die in finst're Nacht
Spazieren gehen! – Sie machten halt.
Ich auch. Im Dunkel sahn wir uns
Wie Schatten nur. Ich frug: ‚Wo geht's
Nach Engelsdorf? Hab' mich verirrt!' –
Gelächter: ‚Donnerwetter, ja,
Sind sie noch immer unterwegs?!'«

Die Zöllner bringen Mister X zum Haus seines Freundes, der die »Männer mit Gewehren« lachend einlädt:

»... Herein, ihr Herrn!
Wir trinken ein Glas Moselwein,
Der nicht geschmuggelt ist – was ich
Von den Zigarren nicht so fest
Versichern kann: ich glaube, die
Passierten Ihre Brücke, als
Sie grad ein wenig eingenickt!«

P.S.: Die alte Rechtschreibung wurde beibehalten.

Eifel – Wanderlied

Zum Eifeltag in M.-Gladbach, 8. März 1914.
(Melodie: Wohlauf, die Luft geht frisch und rein)

Die Frühlingssonne kam ins Land
Und scheint schon warm hernieder.
Nun nehmt den Wanderstab zur Hand
Und füllt den Rucksack wieder!
Lasst auch ein Fläschlein, rund und voll,
Mit kühlem Trank nicht fehlen:
Wer in der Eifel wandern soll,
Den darf der Durst nicht quälen.

Und dann hinaus nach Burschenart,
Wenn's Frührot lockt und leuchtet!
Das ist die schönste Wanderfahrt,
Wenn Tau das Gras noch feuchtet,
Dann singt, des Morgenwunders voll,

Aus frischen, hellen Kehlen:
Wer in der Eifel wandern soll,
Dem darf ein Lied nicht fehlen.

Und dann hinauf auf Berg und Höh'n
Im lichten Sonnenglanze;
O Eifelland, wie bist du schön
In deiner Wälder Kranze,
Mit deinen Maaren, tief und still,
Mit Burgen und mit Zinnen!
Wer in der Eifel wandern will,
Der tut's mit Herz und Sinnen.

Vor Rurtal bis zum Moselstand,
Vom Rhein zu den Ardennen
Zieh'n jubelnd wir durch's Eifelland,
Das wir als schönstes kennen.
Und allen steht uns tief und still
Im Herzen eingeschrieben:
Wer mit uns Burschen wandern will,
Der muss die Eifel lieben!

Judden Hunger!

Morjens Brei
un Jromperen dobei,
mettes Zopp
un Jromperen drob,
owens Mus
un Jromperen noch!

Morgens Brei
und Kartoffel dabei,
mittags Suppe
und Kartoffeln darüber,
abends Mus
und Kartoffeln noch!

Kinderzungenbrecher

Blaukraut
Blaukraut bleibt Blaukraut,
und Brautkleid bleibt Brautkleid.

Der Leutnant von Läuten
Der Leutnant von Läuten
befahl seinen Leuten
nicht eher zu läuten
bis der Leutnant von Läuten
seinen Leuten
das Läuten befahl.

Postkutscher
Der Cottbuser Postkutscher
putzt den Cottbuser Postkutschkasten.

Fischers Fritze
Fischers Fritze fischt frische Fische.
Frische Fische fischt Fischers Fritze.

Frau von Hagen
Frau von Hagen
darf ich's wagen,
Sie zu fragen,
wie viel Kragen
Sie getragen,
als Sie lagen
krank am Magen
im Spital zu Kopenhagen?

Hansen Hansens Hans
Hansen Hansens Hans hackte Holz.
Hätte Hansens Hannchen
Hansen Hansens Hans Holz hacken hören,
hätte Hansens Hannchen

Hansen Hansens Hans Holz hacken helfen können.

Klapperschlangen klapperten
Es klapperten die Klapperschlangen,
bis ihre Klappern schlapper klangen.

Fliegen fliegen
Wenn hinter Fliegen Fliegen fliegen,
fliegen Fliegen Fliegen hinterher.

In Ulm
In Ulm und um Ulm
und um Ulm herum.

Schneiders Schere
Schneiders Schere schneidet scharf,
scharf schneidet Schneiders Schere.

Waschweiber
Wir Waschweiber
würden weiße Wäsche waschen,
wenn wir Wiener Waschweiber wüssten,
wie wir weiße Wäsche waschen.

Zwitschernde Schwalben
Zwei zwitschernde Schwalben
sitzen zwischen zwei Zwetschgenzweigen.

Zahme Ziegen (I)
Zehn zahme Ziegen ziehen zehn Zentner Zucker zum Zoo.
Zum Zoo ziehen zehn zahme Ziegen zehn Zentner Zucker.

Zahme Ziegen (II)
Am zehnten zehnten zehn Uhr zehn
zogen zehn zahme Ziegen
zehn Zentner Zucker zum Zoo.

Kinderlieder aus der Eifel

(oft im Zusammenhang mit Spielen)

Wenn unsere kleinen Kinder im Sommer sich anfassen und Kreis spielen, singen sie:

> Eierkranz, wat jilt de Danz? Ene decke Daler.
> Wen wöllt gezahle? Glögelche op der Mouer
> Schleet zwölef Ouer. Meester Jakob, schlofe jon!
> Morje fröh opstohn, wenn de Hohner läje,
> wenn de Hahne krähe: Kickerickicki!

Auf einmal ist der Hanni es leid, immer dasselbe zu singen, und er stimmt an:

> Dingderling, die Frau es krank;
> Dingderling, wat fählt der dann?
> Dingderling, en Schoppe wenig,
> dingderling, dat kann net sen.

Und das Lenchen beginnt nach einiger Zeit:

> Wenn et Kermes es, wenn et Kermes es,
> dann schlaacht ming Vatter en Bock.
> Dann danzt ming Mutter op de Hennerbeen,
> dann kreescht se en nöe Rock.

Ziemlich bekannt sind noch die Lieder um Bombernickels Klößje:

> Bomdernickels Klößje soß am Feuer und schleef,
> du ston et op un leef.

Neben dieser Kurzform finden wir die längere:

> Bombernickels Klößje soß am Feuer und schleef,

had e lederne Bötzche an.
Lederne Bötzche brannt',
ging e op de Speecher, holt sich en erbel Peefe,
ging e op de Kellertrapp, schoß e sech en Loch in de Kapp:
bum-batsch!

und die folgende:

Bombernickels Klößje soß am Feuer un schleef,
verbrannte sich et Bötzche; ich meene, dat e leef.
E leef op de Schanze danze,
ob de Bäuche kreiche,
e leef en de Heeren Häuser und drief de Lügg all erüß.

Wenn abends das Kleinkind in den Schlaf gesungen werden »muss«, hören wir neben dem bekannten:

Schlof, Kenche, schlof! De Vatter hööt de Schoof,
de Moder hööt die bonte Koh, Kenchen, don die Oogen zo;

auch dieses hübsche Liedchen:

Seht er net de Wutz (Schwein) em Jaarde, seht er, wie se mäulet,
wie se schruß Löcher schraaft en de jel Räube?
Spitz, komm erüß und beiß se en de Föß!
Se fresse me all mei Weißkraut und all mei schrön Gemöß.

Der Schuster ist im Dorf allerseits sehr beliebt, kommt er doch, um die alten Schuhe zu flicken oder gar um ein Paar neue anzufertigen. Wenn man ihn sieht, hört man oft die Kinder singen:

Ech soß op em Hüweltje un fleckt mir et Stieweltje.
Du koom en Kroh, die holt mir dä Droht.
Du koom en Eul, die holt mir de Säul.
Du koom en Jeeß un leef de Berg erop.

Du koom de Schnegger und raaft die Köttele op.

Zum Schluß dieser ersten Sammlung noch ein paar Kinderliedchen, die man öfter noch in unseren Dorfstraßen hört:

Kätje, wat deeste? Ich setzen hennerm Ofen un schweeste.
Ech keeren et Hous un stroppen de Mous
un maachen em Kenn e paar Henche drous.
Liß, jaach de Hohner üß der Wiß!
Loß der Hahn stoon, en hät der nöüst jedohn.

Kinderreime

Heile, heile, Segen!
Morgen gibt es Regen,
Übermorgen Schnee:
Tut's Kindle nicht mehr weh.

Heili, heili, Sege!
Drei Tage Rege,
Drei Tage Schnee,
Jetzt tut's dir nemmi weh.

Heile, Kätzchen, heile,
Die Katze hat vier Beine,
Vier Beine und ein' langen Schwanz,
Morgen ist alles heil und ganz.

Daheim ist die Maus
Auf den Ofen gekrochen,
Hat den Finger verstaucht
Und das Schwänzchen gebrochen.

(Wenn das Kind den Schlucken hat:)
Schluckauf und ich
Gingen übern Steg,
Schluckauf fiel 'rein
Und ich lief weg.

(Wenn das Kind etwas nicht gern isst:)
Bum bam beier.
Die Katz' mag keine Eier.
Was mag sie dann?
Speck aus der Pfann'!
Ei wie lecker ist unsere Madam!

Lirum larum Löffelstiel,
Alte Weiber essen viel,
Junge müssen fasten,
Brot liegt in dem Kasten,
Messer liegt daneben:
Ei! was ein lustig Leben!

Hau dich nit, stich dich nit, brenn dich nit,
Suppen ist heiß,
Schneider, wenn du reiten willt,
Setz dich auf die Geis.

Fünf Engel haben gesungen,
Fünf Engel kommen gesprungen:
Der erste bläst das Feuer an,
Der andre stellt das Pfännel dran,
Der dritte schütt' das Süppchen 'nein,
Der vierte tut brav Zucker drein,
Der fünfte sagt: 's angericht:
Iß, mein Kindchen, brenn dich nicht!

Backe, backe Kuchen,
Der Bäcker hat gerufen!
Wer will guten Kuchen backen,

Der muss haben sieben Sachen:
Eier und Schmalz,
Butter und Salz,
Milch und Mehl,
Safran macht die Kuchen gehl.
Schieb, schieb, in Ofen 'nein.

Backe, backe, backe,
Das Mehl hol aus dem Sacke,
Die Eier aus dem Neste,
Unserm Kindlein das Beste.

Backe, backe Kuchen,
Alle Leute buken,
Und wir buken keinen,
Wollte 's Kindchen weinen.

Backe, backe Kuchen,
Der Bäcker hat gerufen,
Hat gerufen die ganze Nacht,
Kindchen hat kein Teig gebracht,
Nun kriegt es auch kein' Kuchen.

(Durch Erheben und Krümmen der beiden Zeigefinger darzustellen:)

Es sitzen zwei Tauben auf einem Dach,
Die eine flog weg,
Die andre flog weg,
Die eine kam wieder,
Die andre kam wieder,
Da saßen sie alle beide wieder.

Das ist der Daumen,
Der schüttelt die Pflaumen,
Der liest sie auf,
Der isst sie.
Und der sagt:

Wart, ich will's der Mutter sagen.

Der ist der Dum',
Und der isst gern Pflum',
Der sagt: wo nehme?
Der sagt: stehle!
Und der sagt: wenn i noch so klein wär',
tät i doch kein Pflum stehle.

Der is in Brunnen g'falle,
Der hat en raus zoge,
Der hat en ins Bett gelegt,
Und das klein kleine Männle hat's der Mamme gesagt.

Der ist ins Wasser gefallen,
Der hat ihn wieder heraus geholt,
Der hat ihn ins Bett gelegt,
Der hat ihn zugedeckt,
Und der kleine Schelm da hat ihn wieder aufgeweckt.

Da hast 'nen Taler,
Geh auf den Markt,
Kauf dir 'ne Kuh,
Kälbchen dazu.
Das Kälbchen hat ein Schwänzchen.
Dideldideldänzchen.

(Die Händchen drehend:)
Trarachen, Trarachen,
Wo ist dem Kind sein Papachen!
Ist er beim Bier, ist er beim Wein,
Wo wird dem Kind sein Papachen sein!

Patsche, patsche Küchelchen,
Mir und dir ein Krügelchen,
Mir und dir ein Tellerchen,
Sind wir zwei Gesellerchen.

Kinderverse op plaat

Heischeliedchen am »Fetten Donnerstag«

Jras, Jras, Jrumen,
De Huhner plecken Blumen,
de Hannen pecken Dreck,
jet mer e juut Steck Speck,
da john ech von der Dirr eweg.

oder

Trapen, trapen, Träpchen, (Tringelchen)
hei kennt mingem Pap se Mädchen, (Jingelchen).
Los mech net zu lang hei stohn,
denn ech muss noch wegger john.

oder

Hei kennt e kleene Kinnig,
jett em net ze winnig.
Lost en net ze lang hei stohn,
denn hän muss noch wegger john.

An Burgsonntag
(Sammeln der »Kuchenzutaten«)

Lire, lire, lotter,
en Kletsch Botter.
Mell ous dem Hegger,
Melich ous dem Ogger,
Speck ous dem Hoarscht,
Eier ous dem Nast,
de Huhner han et voll jeloarscht.

Klappern an den Kartagen

morgens: Et lockt Bätglock!
mittags: Et lockt Mettich!
abends: Et lockt Bätglock!

Vor den Gottesdiensten: Et lockt vierdierscht! und unmittelbar danach Et lockt zehoof!
Beim Eiersammeln: Eier rous, Eier rous, sos schecke mer ech de Brosselmaan ant Hous!

Am Ostermorgen:

Stot op, stot op, et ass Usterdaach!
Erklärungen: Kletsch Botter = ein Strich Butter/ Hegger = strohgeflochtenes rundes Standgefäß/ Ogger = Euter/ Hoarscht = Räucherkamin/vierdierscht = zum ersten Mal/ zehoof = zusammen/Brosselmaan = böser Geist (wie »Fasbock«)

Zur Taufe

Sprichwort:
»Wän net kent zum Kindtaufschmaus,
mat dem ass all de Frendschaft ous«.

Kindergesang nach der Tauffeier:
»Sieß Jod, souer Päter!«
Erklärung:
»Jod« = Patentante/ »Päter« = Patenonkel

Heitere Kinderverse von früher

Hanner Huppen hirrem Hous han ech honnert Hasen hieren husten!
Hohlen Hanni hat hanner hirrem Hous honnert Hämmer henken.

Müller, mohl mir mol me Mell, mur muss mir ming Motter Melich-Mättcher (Backwerk) maachen.
Den dennen Dederisch dreet den decken Dederisch durch datt dreckig Doref.
Mätzer schleifen, Kisjer stächen, quieck, quieck.

Zum Engel des Herrn,
da sprangen de Hären,
do loofen de Frauen
iwer de Auen,
am Galopp
zur Metteszopp.

Dou bas en Daler,
da jank op de Moart,
koof dr en Kuh,
mat em schunge Schwänzjen,
mat em Dideli-, Didelidänzchen.

Zwing Männer sieht dän Eefeler john,
zwu Frau'n noh beim Brunne stohn,
zwe Kanner kunn och noch herbeij,
macht sechs aus zwing un zwu un zwee.

Zwing Fanger ma zum Schwur erheft,
ein Lächeln um zwu Lippe jeeht,
zwe Uuhren hat dä Mensch am Kop,
wän et net kapiert, dat ass en Trop.

Bombernickels Kläsjen
saß beim Feuer und schlief.
Wie sein Lederböchschen brannt:
er lief in den Keller,
da brannt et Böchschen heller.
er lief in das Pastorenhaus,
da war sein Lederböchschen aus.

Ein Pferdchen ging zur Mühlen,
das Pferdchen trug ein Füllen.
Das Füllen trug ein Säckelchen,
schlaf, du liebes Quäkelchen!

Heja, bombausen!
Im Sommer gehn wir nach Klausen.
Da gehn wir durch den Birkenbüsch
und bringen dem Kindchen viel Haselnüss.

Pitter, et jet e Jewitter.
Et ass net woahr, dän Himmel ass janz kloar.

Mattes, koch Kappes,
koch souer, koch sieß,
koch dinger Motter e por Schwingsfieß.

Hannes, Klammbaanes, Klammbochsebeen,
Joch die aal Weiber von dr Huchzeit heem.

Sis, Sis, baste biss?
Da beiß an e Steck Kiss!

Annemarei, spann de Gei,
sätz de Deppen an de Reih,
wenn de Burjemeester kennt
sähste, ich wär net hei,
ech wär op de Burjemeesterei.

Jo mer opt Märtchen,
kofen e Kiehchen un e Kälefjen
mat em Schwänzjen,
mat em kille-kille Jänzjen.

Wat broch mer op em Bouerenduref?
E Pastur, dä schung singt,
en Glock, die schung klingt,

e Koster, dä juut logge kaan,
e Pfläjer och, e braave Maan.
En Bouersfrau, die juut schmaalzt
un net de Zopp versaalzt,
en Mohd, die firr de Arbischt doocht
un net por Stonnen an de Spiejel laacht.
Vill Jras un Strieh un Hei,
net zu winnig Kieh un Sei,
jenuuch Holz un iweraal jenuuch Jrond
un Jungen un Mädcher juut jesond.

Kuhhandel im Städtchen

Ein Zeitbild von 1963

Prüm am 6. Juni 1963: Bereits um 8 Uhr morgens steht Bauer Kläs mit seiner trächtigen Kuh Frieda auf dem Prümer Marktplatz. Erste Interessenten halten an, mustern das Stück Vieh, befühlen es und betrachten Hörner, Beine und Klauen.

Der Auftrieb an Großvieh ist eher mittelmäßig, während auf dem Ferkelmarkt dichtes Gedränge herrscht. Kläs drückt seinem Sohn Philipp den Strick in die Hand, um selbst einen kleinen Rundgang zu starten. Er selbst interessiert sich für ein Rind, allerdings hat der Verkauf von Frieda absoluten Vorrang.

»Dach Kläs!« »Dach Pitter! Wie jeht et?« Die zwei Bauern kommen ins Gespräch. »Et jeht su, hätte mer ees e juude Rän. Äwer de Rest Jrompere muuß och noch an de Boddem.« »Wellste och en Handel maache?« »Jou, ech suuche e Biest. An dr letzter Woch hammer en Kuh schloaschte mußen, die haat jet Steches an.«

Kläs nimmt Pitter mit, lobt seine Frieda über den grünen Klee, besonders den guten Milchertrag, und bedauert, dass er das Tier aus Futtermangel verkaufen muss. Pitter besichtigt die Kuh von oben nach unten, von vorne nach hinten, fühlt und tastet, mustert und knetet. »Wat wellste han, Kläs?« »Wat jeste?« »Siwenhonnert Mark!« »Nene, ener achthonnert jeht se net weg.« »Siwenhonnertfofzisch.« »Achthonnertfofzisch.« »Ne, dan ass neist ze maache.«

Pitter dreht sich um und geht. Allzu eilig darf man beim Handel auch nicht sein. Aber: Kläs will verkaufen, denkt er sich. Also geht Pitter taktisch vor: Gemütlich schlendert er über den Platz, horcht nach allen Seiten, um die Tagespreise zu erkunden. Er stellt fest, für 800 Mark wäre die trächtige Kuh nicht zu teuer.

Kläs steht sinnend vor seiner Frieda und denkt sich, für 800 Mark bekommt der Pitter die Frieda. Heimtreiben möchte er das Stück Vieh um keinen Preis. Gegen Nachmittag muss Kläs eine Entscheidung herbeiführen. Glück hat er, dass Pitter noch geblieben ist, denn sein Interesse ist keineswegs erlahmt.

»Ech jän dr siwenhonnertachzisch!« »Achthonnertzwanzisch.« Pitter dreht sich um und macht Anstalten, erneut wegzugehen. »Achthonnert, Pitter, dat ass me letzt Wurt!« »Siwenhonnertningzisch un ken Dahler mieh!«

Schweigen auf beiden Seiten … Kläs umschreitet seine Frieda, den Kopf gesenkt, mit nachdenklichem Blick. Dann wendet er sich abrupt zu Pitter: »Siewenhonnertfönefunningzisch un dau jes de Braantwing!« Kläs hält die Hand vor sich, Pitter schlägt ein. Der Handel ist gemacht. In einer Prümer Wirtschaft wird der Brandwein getrunken, dazu gibt es noch ein Bier, ehe Frieda den Weg in die neue Heimat antritt.

Mit der Kutsche durchs Kylltal

Ein Zeitbild von 1895

Papenkaule, Hagelskaul, Munterlei, Dietzenlei und Auburg (so wörtlich im Urtext) waren der Eifelbesucherin und Reiseschriftstellerin Katharine Macquoid sehr wohl bekannte Begriffe. Sie hatte sich vor ihrer Eifeltour umfassend vorinformiert und dokumentierte ihre Kutsch- und Bahnfahrten bis ins Detail.

Katharine war eine Naturfreundin, wie sonst könnte sie auch so explizit die Pflanzen und geologischen Formationen der Region genau definieren? In einer Art »Teegarten« bei Gerolstein stehe eine berühmte Linde, »wenn man zur Auburg blickt«. Die Reiseschriftstellerin rühmt in besonderen Farben die »Felsklippen aus basaltischer Lava, die großartigen Wälder und sonderbar geformten Hügel, die in früherer Zeit feurige Lavaströme in diese nun so friedlichen Täler ergossen haben«.

Das Kylltal beschreibt die Autorin als »lieblich und immer wechselhaft«. Von Lissingen führte es sie mit der Kutsche in Richtung Birresborn, dem Ort der Mineralbrunnen, danach weiter nach Mürlenbach. Die Straße habe »viele Biegungen«, immer wieder faszinierten sie die Anblicke der zahllosen Vulkanhügel. Namentlich erwähnt sie in diesem Abschnitt des Kylltals Dachsberg, Kalmsburg und Zanderberg, natürlich die »roten Sandsteinruinen der Bertradaburg, hoch über dem malerischen Dorf Mürlenbach, das nah am Fluss kauert«.

Das lokale Geschichtswissen der Britin ist enorm. Die Bertradaburg war die Sommerresidenz der Prümer Äbte, der vierzigste Abt Graf Wilhelm von Manderscheid hat die Burg neu aufgebaut und stark befestigt und die Gründerin Bertrada schenkte den Prümer Mönchen im 8. Jahrhundert Grund und Boden zur Erbauung ihres mächtigen Klosters.

Die Rückfahrt mit der Pferdekutsche nach Gerolstein erfolgte auf demselben Weg; denn »dies war unvermeidlich – der Hügelkette und Bergflanken sowie dem reizend blumengesäumtem Flusse wegen«.

Abschließend äußert die Autorin uneingeschränktes Lob für die Schönheit der Region: »Es ist ungewöhnlich, in einem so begrenzten Gebiet so viel Schönes und Interessantes beieinander anzutreffen«. Eine Hymne zum Schluss auf Gerolstein: Zusammen mit der stärkenden und gesunden Atmosphäre mache die Landschaft Gerolstein »einzigartig anziehend«.

Lustige Sprüche

Bauern können alle Plagen, aber keinen Durst vertragen.

Beim Bier gibt's viel tapfere Leut'.

Beim Trinken und Essen wird der Kummer vergessen.

Besser eine Laus auf dem Kraut wie überhaupt kein Fleisch.

Besser Wasser getrunken und erworben, als Wein getrunken und verdorben.

Der Rausch liegt im letzten Glase.

Der Saufteufel geht im gläsernen Röcklein spazieren.

Durch Saufen und Fressen wird viel Weisheit vergessen.

Ein fröhlich' Gemüt und ein edler Wein, die mögen hier oftmals beisammen sein.

Ein gutes Weinjahr macht fünf schlechte gut.

Ein Steckenpferd frisst mehr als zehn Ackergäule.

Eine Gans, die Weihnachten überlebt taugt nichts.

Eine Geliebte ist Milch, eine Braut Butter, eine Ehefrau Käse.

Einem durstigen Gaumen schmeckt jeder Wein.

Erdäpfel und Kraut füllen dem Bauern die Haut.

Es würd' ein jeder Doktor sein, wenn's Wissen einging wie der Wein.

Fällt der Apfel reif ins Maul, dann beiß zu und sei nicht faul.

Für ein Trumm Fleisch geb' ich's ganze Fasten her.

Geraten im September die Reben, wird's in der Folge viel Räusche geben.
Guter Trunk macht Alte jung.

Haben die Knoblauchzehen drei Häute, wird der Winter kalt.

Hirsebrei mit brauner Butter ist das beste Bauernfutter.

Hört man im Sommer die Füchse bellen, so gibt es guten Wein.

Je mehr großköpfige Disteln sein, um so besser gerät der Wein.

Je schlimmer das Weib, desto schöner die Kneip'; und je schöner die Kneip', desto schlimmer für's Weib.

Kartoffeln schmecken erst gut, wenn sie vorher die Schweine gefressen haben.

Mann und Weib sind ein Leib – aber nicht eine Gurgl.

Mit dem kleinsten Maul kann man den größten Hof verzehren.

Neumond im hellen Kleid bringt schöne Weinleszeit.

Obst das langsam reift, liegt desto länger.

Rede wenig, rede wahr, trinke mäßig, zahle bar.

Regnet's in die Hopfenstecken, wird das nächste Bier nicht schmecken.

Schlachtet der Bauer eine Henne, so ist die Henne krank oder der Bauer.

Trink ich Wasser werd ich faul, trink ich Dünnbier zieh ichs Maul, trink ich Bockbier, werd ich voll, nun weiß ich, was ich trinken soll.

Warme Nächte bringen Herrenwein, bei kühlen wird er sauer sein.

Wenn die Kartoffeln geraten sind, so mache sie über dem Feuer lind.

Wer allzeit säuft und allzeit schlemmt, behält zuletzt kein ganzes Hemd.

Wer im April will Kirschen pflücken, der ist nicht schwer dorthin zu schicken.

Will der Mann die Kehle feuchten, gibt es starkes Wetterleuchten.

Was der Bauer nicht kennt, das frisst er nicht!

Hast du Korn und Wurst genug, ist das für den Herbst sehr klug.

Iss, was gar ist. Trink, was klar ist.

Der Hals ist mir trocken, als hätt ich verschluckt die untergehende Sonne. Herr Wirt! Eine Flasche Wein aus eurer besten Tonne.

Es fließt der holde Rebensaft
hinunter in meine Seele
und löscht bei dieser Gelegenheit
den Sonnenbrand der Kehle.

Und noch eine Flasche, Herr Wirt! Ich trank
die erste in schnöder Zerstreuung,

ganz ohne Andacht! Mein edler Wein,
ich bitte dich drob um Verzeihung.

Jetzt aber steck ich die Nas ins Glas
und ernsthaft zuvor beguck ich
den Wein, den ich schlucke; manchmal auch,
ganz ohne zu gucken, schluck ich.

Herr Durst ist ein gestrenger Mann,
der lässt sich gar nicht foppen;
ob's Wetter gut ist oder schlecht,
er geht nicht ab von seinem recht,
er fordert seinen Schoppen.

Und wer ihm den nicht geben will,
den quälet er tagtäglich,
er quält in hier, er quält ihn dort,
er quälet ihn in einem fort
und quält ihn ganz unsäglich.

Da gilt kein Ansehn der Person,
nicht Stand noch Würd' und Ehren:
Herr Durst, der kehrt bei allen ein,
bei Reich und Arm, bei Groß und Klein
und niemand kann's ihm wehren.

Ihn rührt kein Ernst, ihn rührt kein Spaß,
kein Pfeifen und kein Singen.
Ihr könnt ihn nicht durch Spott und Hohn,
ihr könnt ihn nicht durch Schmäh'n und Drohn
von seiner Forderung bringen.

Drum macht's wie ich: Ich bin bereit,
sein Schöpplein ihm zu zollen.
Und lässt er mich dann nicht in Ruh'.
trink ich ihm noch ein zweites zu,
dann hört er auf zu schmollen.

Liebeserklärung eines Bierfreundes

Verfasser unbekannt

Wie gärt es dir?
Ich hopfe gut!
Du Sonnenschein in meinem Märzen!
Brau' doch vorbei, wenn ich mich so drauf bräu,
und malz mich fest –
ich gerste gleich vor Bock!
Und wenn da manche sagen, dass du fremdgärst:
was pilsen sich die Leute ein, dass sie solchen Sud zapfen?
Ich aber stiegle dich und werd dich immer stiegeln,
und drum verzeih' auch du mir meinen letzten Seitelsprung!
Wo lagerst du die ganze Zeit?
Ich habe jedes Brauhaus schon nach dir durchstüberlt.
Ich hopf', du weizt, dass ich stets lieb dich halbe,
drum sag' ich dir nochmalz:
Ich werd dich immer stiegeln!

Lockere Sprüche

Trägt der Bauer rote Socken, wird das Wetter feucht oder trocken.

Ist's an Silvester hell und klar, ist am nächsten Tag Neujahr.

Schneit's im Mai, ist der April vorbei.

Geht der Bauer durch das Zimmer, dann schläft er nimmer.

Riechen streng des Bauern Socken, war der letzte Winter trocken!

Sind die Hühner platt wie 'n Teller, war der Trecker wieder schneller.

Ist der Hahn erkältet, heiser, kräht er morgens etwas leiser.

Muht die Kuh laut im Getreide, war ein Loch im Zaun der Weide.

Kommt der Regen schräg von vorn, kriegt die Kuh ein nasses Horn.

Melkt der Bauer seine Kuh, macht die verträumt die Augen zu!

Pflanzt der Bauer Öko-Beete, denkt er kichernd an die Knete!

Ist die Viehzucht aufgegeben, heißt es von Touristen leben!

Ist der Bauer völlig blank, gehört sein Hof wohl bald der Bank.

Wenn im Hof der Metzger parkt, kriegt das Schwein 'nen Herzinfarkt!

Wenn die Bäurin ihre Messer wetzt, der Bauer um sein Leben hetzt.

Kommt der Gockel untern Trecker, gibt es morgen früh kein' Wecker.

Kommt Januar vor Februar, wird das Jahr, wie's immer war!

Der Skilift zeigt im Januar, wo einst des Bauern Weidland war.

An dem Dach der Eiszapf' tropft, der Frühling an die Scheune klopft.

Wenn im Mai der Kuckuck schreit, ist der Frühling nicht mehr weit.

Raubt die Magd dem Knecht die Ruh, geht's mit Macht auf Maien zu.

Regnet es im Juli in den Roggen, bleibt der Weizen auch nicht trocken!

Wenn Nebel wallt und Regen fällt, ist's meist um's Wetter schlecht bestellt.

Steh'n im Sommer schlecht die Bohnen, gibt's im Winter Subventionen!

Strahlt der Mond ganz voll und hell, wächst dem Knecht ein Werwolffell.

Wenn es in die Suppe hagelt, ist das Dach wohl schlecht genagelt.

Rüttelt der Orkan am Haus, hänge keine Wäsche raus.

Wenn der Hahn kräht auf dem Mist – ändert sich's Wetter oder bleibt wie's ist!

Kräht der Hahn heut' auf dem Huhn, hat das mit Wetter nix zu tun.

Ist der Hahn erkältet, heiser, kräht er morgens etwas leiser.

Trinkt der Bauer zu viel Bier, melkt er locker auch den Stier.

Hat der Bauer kalte Hände, flieh'n die Kühe ins Gelände.

Raucht die Kuh wie ein Kamin, war Kurzschluss in der Melkmaschin'.

Die Kühe durch die Gegend purzeln, die Melkmaschine hat 'nen Kurzen.

Der Bauer hasst es ums Verrecken, tut sein Huhn das Ei verstecken.

Der Bauer keine Hemmung kennt, das Gras er von der Wiese trennt.

Haben die Kühe nichts zu fressen, hat sie der Bauer wohl vergessen.

Kein Muhen mehr, die Kuh ist froh, im Stall gibt's endlich VIEH-DEO.

Hüpft der Ochse auf dem Schwan, handelt sich's um Rinderwahn.

Der Bauer macht aus Ferkeln Säue, so was nennt man Bauernschläue.

Bringt der Winter Eis und Schnee, friert des Bauern kleiner Zeh.

Ist die Viehzucht aufgegeben, heißt es von Touristen leben.

Los- und Lurtage

Aus den Kleinbauern, Jägern, Sammlern und umherschweifenden Menschen der Älteren Steinzeit entwickelten sich im Laufe der Frühgeschichte sesshafte Bodenbesteller, Bauern. Diese Umwälzung im soziologischen Sinne wurde die Grundlage für die gesamte heutige menschliche Kultur.

Von den Anfängen der Bodenbearbeitung mit Asthaken, Wurzelknorren oder Tierhörnern und Knochen bis zu den modernsten Landmaschinen zeigt die Entwicklungskurve einen langsamen Anstieg. So erkannte der Landmann, dass Säen und Ernten, Erfolg und Ertrag auf seinem Hof in erster Linie vom günstigen oder schlechten Wetter abhängig waren. Missernten war er hilf- und wehrlos ausgeliefert. So war ihm sehr daran gelegen, die seine Arbeit beeinflussenden

Wetterabläufe kurzfristig oder gar für längere Zeitabschnitte vorauszuerkennen. Das bedurfte ständiger Beobachtungen, die wiederum den Blick für diese Dinge schärften. In gewissen Rhythmen und zu bestimmten Zeiten im Jahr sich wiederholende Witterungserscheinungen fanden sodann in primitiven Regeln ihren Niederschlag – geboren wurde so eine endlos lange Reihe an Bauern- und Wetterregeln.

Die Vorfahren sahen den immer tiefer steigenden Sonnenlauf vom Sommer zum Winter. Doch zur Wintersonnenwende erwachte er wieder zu neuem Leben. Die Sonne stieg nun täglich höher. Hoffnung auf Helle und Wärme, auf neues Wachsen und Ernten stimmte die Herzen froher. 12 Tage und 12 Nächte lang wurde gefeiert. In den bescheidenen Räumen, mit immergrünen Zweigen geziert, standen Tag und Nacht besonders hergerichtete, zum Teil symbolische Opferspeisen; brennende Strohräder rollten von den Bergen und Hügeln zu Tal; mit allerlei Mummenschanz verkleidete Buben und Mädchen durcheilten die Fluren und Gewanden, Bosheit und Arglist der Unholden zu vertreiben, und lange gehegte Feindschaften suchten die Aussöhnung. Doch weit mehr: Peinlich genau wurde der Wetterablauf in den »wihen nahten« verfolgt; denn, so glaubte man, die Witterung eines jeden Tages dieser heiligen Zeit sei bestimmend für jeden Monat des kommenden Jahres. Bei der Christianisierung der Germanen fiel es nicht schwer, heidnische Anschauungen in den christlichen Gedanken- und Glaubenskreis zu übertragen.

So haben sich denn auch viele der erworbenen Beobachtungen im Wettergeschehen rasch an die alljährlich wiederkehrenden kirchlichen Fest- und Heiligentage gebunden; es entstand der bunte Kranz all der vielen Wetter- und Bauernregeln, teils gereimt nach schlichter Landvolkssprache.

Eine Sonderstellung unter den Bauernregeln nehmen die sog. Los-, Lur- oder Notelstage ein. Eine kurze Worterklärung mag den Sinn dieser Tage rasch verständlich machen: Lostage sind eigentlich Hörtage. Althochdeutsch: hlosen, -hören; altniederdeutsch: hlust-Ohr; alemannisch: losen-hören; englisch: listen-horchen; danach mundartlich: luren, laustem für hören, horchen. Die Jägersprache kennt keine Ohren des Hochwildes; sie spricht von Luser, Loser, Lauscher. »Lur ens he — hör mal zu!« »Dat es ene Luuse« – das ist einer, der überall hinhört und alles erfährt, ein Schlauberger. In dem Wort Notelstage steckt das lateinische nota – merke; ähnlich: Notizen, Noten in der Musik, in Bewertungen für Leistungen und Kenntnisse zusammengefasst: Los-, Lur- und Notelstage sind die Namen im Volksmund, auch heute noch, für jene Kalendertage, an denen Bauern, Winzer, Forstleute und alle, die stark vom Wetter abhängig sind, ganz besonders den Wetterablauf beobachten und daran eine langfristige Vorhersage anknüpfen, meist 40 Tage. Dabei spielt noch die uralte Vorstellung der 40tägigcn Monatsdauer eine gewisse Rolle, vielleicht auch die »heilige Zahl 40«. Wir kennen insgesamt 85 Lostage. Diese Vielzahl – etwa jeder 4. Tag des Jahres – bekräftigt den steten Wunsch des Landvolkes, eine längere Vorschau in das Wettergeschehen zu bekommen, seinen vermutlichen Weiterablauf vorher zu sagen. Hier einige der heute noch bekanntesten:

> Wie sich das Wetter von Christtag bis Dreikönige
> verhält, so ist das ganze Jahr bestellt.
> Jänner muss vor Kälte knacken,
> wenn die Ernte gut soll sacken.

> Im Januar soll man lieber einen Wolf als einen
> Bauern im Felde sehn.

> Wenn der Bär Maria Lichtmess seinen Schatten sieht, muss er noch mal 40 Tage in seine Winterhöhle. (2. Februar)

> Mattheis macht oder bricht Eis. (24. Februar)

> Ist's an Sankt Gorgen schön, wird man's 40 Tag so sehn. (23. April)

Solange die Frösche vor Markus geigen, so lang sie nach Markus schweigen. (25. April)

Macht Medardus nass, regnet's ohne Unterlass. (8. Juni)

Wenn die sieben Schläfer erwachen,
wird der Himmel weinen oder lachen.
Lacht er, kannst du sicher sein:
sieben Wochen Sonnenschein.
Weint er, kannst du ruhig wetten:
nichts wird dich vor Regen retten. (27. Juni)

Regnet's an Maria Heimsuchungstage,
hat man 6 Wochen Regentage. (2. Juli)

Ist's Petrus bis Laurentius heiß, bleibt der Winter lange weiß. (29. Juni bis 10. August)
Wie sich's Wetter an Maria Geburt verhält, so ist es noch weitere 4 Wochen damit bestellt. (8. September)

Wie das Wetter an Ägidius, so es 4 Wochen bleiben muss. (1. September)

Gießt Sankt Gallus wie ein Fass, wird der nächste Sommer nass. (16. Oktober)

Wie Sankt Martin führt sich ein, so wird zumeist der Winter sein. (11. November)

Wenn Christkindlein Regen weint, vier Wochen keine Sonne scheint.

Wie hoch Volksdenken und -glauben mitspielten, beweist am besten der heftig entbrannte Streit bei der Einführung des Gregorianischen Kalenders 1582, der dem Julianischen um 10 Tage voraus war. Eine ungewöhnliche Verschiebung der gewohnten Regeln, gebunden an die Kalenderheiligen, war die Folge. Nur ein Beispiel: Sankt Luzen macht den Tag stutzen. Das war der 23. Dezember, der erste Tag nach der Wintersonnenwende, einer der wichtigsten Lostage. Heute hat Luzia ihren Festtag am 13. Dezember. Ein alter Reim gibt so treffend den Unwillen, fast die Empörung, über die Einführung des Gregorianischen Kalenders wieder:

> O Babst! Was hast du angericht mit deinem heillosen Gedicht,
> daß du verkehrt hast die Zeit,
> dadurch irr gemacht uns arme Leut,
> daß wir nun mehr kein Wissen haben,
> wenn man soll pflanzen, seen, graben.
> Haben uns gericht in das Jahr
> nach unsrer Bawren Regel zwar.
> Das will jetztunder nimmer sein,
> Ursach weil du mit falschem Schein
> hast gemacht ein newen Kalender,
> unsers alten ein großer Sehender.

Wie aber steht die moderne wissenschaftliche Wetterkunde zu den Lostagen? Fast alle Mutmaßungen, Regeln, Vorschauen, die den Wetterablauf kommender Wochen in Beziehung zu einem bestimmten Tag setzen, sind wertlos, wenn dabei die Astrologie und abergläubische Vorstellungen im Raum stehen. Das beweisen die seit etwa 90 Jahren gesammelten Erfahrungen der Meteorologen. Dennoch: in manchen Regeln findet sich mehr als ein Körnchen Wahrheit wieder, und ihre Richtigkeit wird auch von der wissenschaftlichen Wetterkunde bestätigt, weil sie auf der Tatsache fußen, dass das Wetter in Westeuropa zwischen Perioden ozeanischer Witterung mit kühlen, regnerischen Sommer- und warmen, regenreichen Wintertagen und Perioden kontinentalen Wetters mit klarer, kalter Winter- und trockener, heißer Sommerwitterung hin und her schwankt.

Wissenschaftlich betrachtet gilt heute: Insgesamt garantieren etwa 29% der Bauernregeln für eine gewisse

Sicherheit. Auch die heutigen Wettervorhersagen, fußend auf genauesten Registrierungen der Wetterämter durch ihre mehr als 11000 Beobachtungsstellen für das westeuropäische Klimagebiet, treffen erfahrungsgemäß nicht alle ins Schwarze.

Der Verlust der alten »Regeln« wäre dennoch bedauerlich. Sie sind allesamt ein Stück Kulturgeschichte der Menschheit und spiegeln auch den Geist der Zeit wider.

Lustige MUH-Zitate …

Pronsfeld ist der Standort der MUH (Großmolkerei Milch-Union-Hocheifel). Heute heißt der Konzern ARLA. Hier die MUH-Reminiszenz:

»Wer muh sagt, der muss auch mäh sagen!«

»Eine Kuh macht Muh, viele Kühe machen Mühe.«

»Was die Kuh nicht weiß, macht die Milch nicht heiß!«
»Ene mene Muh und raus bist du!«

»Melo ist eine Kuh und macht muh!«

»Die Paula ist ne Kuh, die macht nicht einfach muh«

»Muh, mäh, melk«

»Ich muh, du muhst, er/sie/es muht, wir muhen, ihr muht, sie muhen«.

»Muuuuuuuuuuuuuuuuuuuh« – Kuh vom Bauernhof

»Hallo, ich mach Muh« – Ein Spaßvogel, der Muh macht.

»Ich und du, Bäckers Kuh, Müllers Esel frisst die Kuh, darauf macht sie muh«. (Ein egoistischer Müller, der die Kuh des Bäckers nicht wieder hergibt).

»Muh«, sagte das Schaf und starb.

»Ich mach Kartoffelmu(h)s!«

»Muh-aaauuuaaa!« – Katze, die verletzt wurde.

»Muh-Muh« (Kuhzwillinge)

»MuuuuH!!!« – Das letzte Wort meines Mittagessens

»Muh macht die Kuh, wenn sie nicht mehr happy ist!«

»Wer die Kuh nicht ehrt, ist der MUH nicht wert!«

»Ein Muh sagt mehr als tausend Worte!«

»Eine Muh, eine Mäh, eine Tätarätätä ...«

»Wo MUH drauf steht, ist auch muh drin!«

»Muh mich!« (Drück mich)

Martinstag? Volkstrauertag? Karneval?

Vorab: Dies soll keine Belehrung sein, auch keine Einmischung. Jeder lebt, arbeitet und feiert auf seine Art und nach seinen Vorlieben. Daran soll auch nicht gerüttelt werden.

Im Moment stelle ich mir – leicht überspitzt, wie es sich für eine Kolumne gehört – vor, dass am heutigen Abend, 11. November, Kinder durch die Dorfstraßen ziehen und ihre Martinslieder singen. Schön! Zwei Tage später erklingt in der Bürgerhalle der Narrhalla-Marsch zur Eröffnung der Proklamationsfeier des neuen Karnevalsprinzen. Und am nächsten Sonntag gedenken wir mit Unterstützung des

Musikvereins, der »Ich hatt' einen Kameraden« intoniert, unserer Ziviltoten, Gefallenen und Vermissten. Ach, da war doch noch etwas im kurzweiligen Feierreigen: Vor einigen Tagen, just am Vorabend des Allerheiligenfestes, war ja noch Halloween, wie konnte ich das gruselige Verkleidungsfest vergessen? Und – gab es nicht zuvor schon eine Reihe von »September-/Oktoberfesten«, ebenfalls mit Verkleidungscharakter? Und wenn man weiter zurückdenkt, feierte man mitten im Hochsommer bereits Fastnachtsfeste, sogar Umzüge.

Kurzum: Simple Kinderlaternen mit mildem Kerzenlicht haben es wohl schwer gegen Katalog-Monstermasken mit Blutstreifen und ein Martinsliedchen hat es auch nicht leichter gegen ein donnerndes Helau-Alaaf.

Der älteste Moselsänger

Der Mosel älteste Lobsänger, von dem wir Kunde haben hat vor mehr denn anderthalb Jahrtausenden die Saiten seiner Laute zu Ehren der »Mosella« gerührt, und sein Preislied hat die Unsterblichkeit gewonnen. Es war Decimus Magnus Ausonius – ein Gallier von Geburt, römischer Verskunst wie kein zweiter seiner Zeit kundig, auch germanischem Wesen nicht fremd geblieben. Als gelehrter Professor der Rhetorik war er einst von den fernen Ufern der Garumna, aus der heitern Rebenstadt Bordeaux (Burdigala) zur Kaiserstadt an die Mosel gekommen, um Kaiser Valentinians I. (364 – 375) erstgeborenes Söhnlein, den nachmaligen Gratian, zu allem Guten und Schönen zu erziehen. Einmal, es war im Jahre 368, war er gar zusammen mit Kaiser und Thronfolger in feindliche Alemannenland, tief hinein in die Höhen und dunkeln Wälder des Schwarzwaldes gezogen, und von dort hatte der würdige Gelehrte – übrigens auch als Diplomat und Staatsmann nicht unerfahren – ein leibhaftiges Schwarzwaldkind, ein frisches Alemannen-Maidli als eine Art Kriegsbeute und kaiserliches Geschenk mitgebracht, aber von Anfang an die blauäugige und goldhaarige Bissula, so war ihr Name, als sein eigen Kind gehalten. Er hat ihr in späteren Jahren gar ein eigenes Liederbuch gewidmet. Da redet er sie an:

»Mein Kind, im kalten überrheinischen Lande,
Dort, wo der Donau Quelle rauscht, geboren,
Heimat und Mutter hast du früh verloren,
Der eh'rne Krieg schlug dich in seine Bande.«

»Ich löste sie und sparte dir die Schande,
Und die man mir als Sklavin zugeschworen,
War frei und mir zum Liebling auserkoren,
Lang eh der Jugend Unglück sie erkannte«.

Als Gratian den Thron bestieg, stieg auch sein alter Erzieher von Würde zu Würde. Er ward Kabinettsminister, dann nacheinander Statthalter in Afrika, Illyrien und Italien, Reichsverweser in Gallien und erlangte endlich (im Jahre 379) auch das Konsulat, die höchste Würde nächst dem Kaiser. Doch wirre Zeiten folgten. Sein kaiserlicher Gönner erlag dem Meuchelmord eines Rebellen; Bürgerkrieg wütete in den Fluren Galliens und des Mosellandes. Trotzdem konnte er sich nur schwer entschließen, aus der liebgewonnenen Colonia Augusta Treverorum und vom traulichen Stande der Mosella, wo er die zweite Heimat gewonnen, heimzukehren zum Strome seiner Jugend, in die Stadt seiner Väter. Erst spät, am Abend seines Lebens, siedelte er über, wohl behütet und geleitet von seiner alemannischen Pflegetochter; diese war ganz mit Roms Bürgerrecht beschenkt worden und blieb ihm, der bis an sein Ende dem Dienste der Musen mit der Kunst seiner Dichtung treu ergeben war, eine treue Gefährtin.

Um das Jahr 370 war sein Moselgedicht erschienen und hatte den Beifall des Kaisers wie all der glänzenden Staats- und Hofkreise gefunden, die damals in der machtvoll gebietenden Cäsarenstadt sich zusammengefunden. Während die breiten Schichten des Volks in Stadt und Umgebung noch unentwegt an ihrer alten gallischen Umgangssprache festhielten und sie teilweise, auch im anstoßenden Eifelgebiet, noch bis in frühe Mittelalter hinüberretteten, stand »latinische Redekunst« gerade damals in Trier, das auch als Sitz der Wissenschaft ausgezeichnet war (auch der hl. Hieronymus studierte dort), auf dem Gipfel ihrer Entfaltung.

»Heil dir, o Strom«, so singt der Dichter selbst in seiner Mosella (V. 381 ff.)

»Heil dir, o Strom, an Frucht und Männer reich,
An Männern stark und kundig im Gefecht,
An Kunst der Rede dem Latiner gleich,
Mit ernster Stirn ein heiteres Geschlecht.«

Nicht minder stark war damals Triers Handel und Gewerbe, besonders auch der Handel mit dem köstlichen Edelsaft der Moselrebe. Ausonius preist entzückt die Weinberge auf seiner Moselfahrt (V. 161 ff.):

»Bepflanzt vom Ufers Rand bis in die höchsten Grenzen
Sind hier der Berge Höh'n mit köstlichen Kreszenzen:
Es rührt der Winzer Volk hoch an des Berges Ende
Und unten tief im Tal voll Lust die fleißigen Hande«.

Die Fahrstraße der Mosel war belebt von Schiffen aller Art, besonders auch solchen, die, mit Fässern schwer beladen, die Weine der Mosel in die Ferne, auch zu den freien Germanen, ausführten. Mancher Weinbergsbesitzer, mancher Gutsherr hatte seine stolze Villa an dem Bergeshang aufgerichtet, und auch davon singt der Dichter:

»Ein Kranz von Villen längs den Uferhängen,
Um rebengrüne Bergeshöhen spült
Der Strom mit leise schmeichelnden Gesängen,
Indes er sachte sich zu Tale wühlt
Und grüne Matten seinen Lauf umdrängen.
Gegrüßt o Strom der diese Tale kühlt,
Der solche Fluren, solche Menschen tränkt,
Der Belgien seine Kaiserstadt geschenkt.«

Wenngleich Ausonius in seinen Gedichten, so auch in seiner Mosella, nicht die Ursprünglichkeit, Wärme und natürliche Unmittelbarkeit zeigt, wie sie einer mehr volkstümlichen Dichtung eignen, so ist er doch auschaulich, gewandt, liebenswürdig und jedenfalls der hervorragendste Vertreter jener dichterischen Nachblüte der späten Kaiserzeit. Und in den Liedern aus seiner Bissula hat er übrigens die Anmut auch mit wahrer Herzlichkeit zu verbinden gewusst:

»Süßes Kleinod, meine Liebe, meine Wonne, mein Gesang,
Bissula – sie nennen bäurisch ungefüg des Namens Klang,
Ein Barbarenkind, doch teurer mir als Romas Mädchenflor,
Bissula – kein Name klang je schmeichlerischer mir zum Ohr.«

Stimmt an, stimmt an der Heimat zu Ehren den festlichen Hochgesang;
Es wird euch niemand verwehren den brausenden Jubelklang.
O Eiflia, – herrlich zu schauen im prächtigen Frühlingsglanz;
von allen germanischen Gauen gebührt dir der Ehrenkranz!

Geheimnisvoll erwuchsen die Wipfel in lauschiger Waldesnacht;
stolz tragen auf ihrem Gipfel sie Ahrberg und hohe Acht.
Zum Himmel die Türme ragen von Nürburg und Manderscheid;

mit ihnen singen und sagen viel Schwestern von herrlicher Zeit.

Fromm ringet der Bergmann die Hände mit Lust in Stollen und Schacht.
Der Äcker und Wiesen Spende nimmt sorgsam der Landmann in acht.
Es sammelt die Reiser und Beeren im Walde der Arme und Fleiß,
der Not des Lebens zu wehren in Mühe und saurem Schweiß.

Dir aber im Städtchen winken die Weine von Mosel und Ahr;
ohn' Sorgen kannst du sie trinken, die Eifel beut rein sie dir dar.
Ihr Gaben in Küche und Keller sind allesamt sauber und echt,
sie schenkt dir auf schimmerndem Teller Forellen und Äsche und Hecht.

Vom Münster am Fuße der Eifel bis aufwärts nach Bitburg und Daun,
wirst allerwärts sonder Zweifel vom Schönen das Schönste schaun.
Die Mädchen im Lande gleichen den Blumen im reinen Kleid;
Es müssen die Besten dir weichen, du rosige Eifler Maid.

Hier jagten die Merowinger den Eber im finsteren Tann,
und Karl , der Völkerbezwinger manch edles Wild hier gewann.
Hier bot nach dem Kampfe den Frieden St. Benedikt liebevoll dar,
selbst Königen war er beschieden an Stablos und Prüms Altar.

Stimmt an denn, der Heimat zu Ehren den festlichen Hochgesang;
es wird euch niemand verwehren den brausenden Jubelklang.
Wer jemals die Eifel gesehen, der ist auf immer ihr hold,
und höher wird sie ihm stehen als Edelgestein und Gold.

Das Pötz

Lied Aus Kronenburg

… Hierauf zog die lustige Gesellschaft von den Burgflecken ein und von Haus zu Haus. Vor jeder Tür sang man, Gaben erheischend, dieses Lied:

Mer gohn zu einer Saufe.
Wat meruns han verwahrt,
Gohn mer jetzt zu verschmausen;
Mer han et schon mehr getan.

Dröm zau dech, Fräuche, zau dech
On mach et net zu lang,
Sonst gohn mer in der Garde
Om rupfen dir der Flahs.

Den wenn der Flahs schon rief es,
Darf er net länger stohn –
On wer die Moh) will wecke
Der moß ald fröh opstohn.

Die dargereichten Gaben bestanden meistens in Eiern, Speck, Mehl und Milch, Die Postulate zu einem schmackhaften Kuchen zubereiteten. Auch einige Groschen wurden nicht zurückgewiesen. Nach Empfang der Gaben wurde folgender Vers gesungen:

Wir danken für die Gaben,
Die ihr uns habt gedohn.
Zu Kronenburg op dem Pötz
Habt ihr ein Böhmche stohn.

Mundart ist die Sprache des Herzens

Eifel-Rätsel

Zwebeen helt Enbeen
Und läscht et op Dreibeen.
Du kum Vierbeen un holt Enbeen,
du holt Zwebeen Dreibeen
un wurf op Vierbeen,
datt Vierbeen Enbeen falle luß.

(Lösung: Mensch, Schinken, Schemel, Hund)

Mundart – Reime

»Lies, joag de Hohner aus der Wies!
Loaß de Hoahnen joan,
Her, hoat dr neist gedoan!«

»Mathes, koch Kaapes, kooch suer, kooch seß,
Koach deiner Motter e poar Hinkelches Feß.«

»Rähne, rähne Repchen,
Rähn merr nett off mei Kepchen,
Rähn merr net off mei Foderfaaß
Sos jet mei Foder ahl naaß.«

»Annemarei, Depenzei,
Stähl die Depen an de Reih,
Wenn de Bürgemester kimmt,
Da säst de, eich wir net hei.«

Die Mutter singt das Kind in den Schlaf mit folgendem Lied:

Heia bumbausen,
De Sohmer jieh merr op Klausen,
Da jieh merr durch de Birkebesch
Un blöcken des Saak voll Hoaselnöß.
Hoaselnöß hoan Kähren,
Am Himel stehn die Stähren.
Stehn die Stähren am Himel,
Em Joarden wächst die Kihmel.
Wächst de Kihmel em Joarden,
Merr wollen op de Baueren woarten.
Woarten merr op de Baueren,
Das wollen merr die Töpfe schaueren.

Mit dem Kinde wird auch gespielt. Es hält sein Händchen hin und beim Kitzeln der inneren Handfläche sprechen die Großen:

Da hoast n Daaler,
Jieh op et Märtchen,
Kohf dr e Köhchen,
Matt em Kälwchen,
Matt em Schwänzchen,
Matt em Diddeldiddeldänzchen.

Der Großvater setzt das Kind auf die übereinandergelegten Knie und macht mit im »Im Schritt«, »Trapp«, »Galopp« und singt dabei:

Hopp, hopp, Pferdchen,
Zu der alten Mühlen,
Pferdchen trug ein Füllchen,
Füllchen trug en Säckelchen,
Pittchen es e Quick – Quack – Quäckelchen.

Mutter-Sohn-Dialog

Was kochst du Mama-chen?
Dicke Bohnen, mein Sohn.

Was kochst du Mama-chen?
Dicke Böhnchen, mein Söhnchen.

Was kochst du Mama-chen?
Saperlutt noch e mol,
du kleene Panz,
deck Bungen!

Nasen, die nicht heulen

Er zählt zu den ehrwürdigen Stücken altväterlichen Hausrats und war bis in die ersten Jahrzehnte des 20. Jahrhunderts das wichtigste hauswirtschaftliche Gerät: der Kesselhaken, in der Westeifel nur »Hoal« genannt.

Als Teil des Herdes mit seinem offenem, auf »Brandruten« oder »Feuerböcken« gelagerten Holzscheitfeuer hing er unter der weiten Öffnung des nach oben sich verengenden Schornsteins. Etwa seit den 20er Jahren musste die Hoal den geschlossenen gusseisernen Herden weichen und ist seither nur noch in Museen oder auf Flohmärkten zu sehen.

»Der Kesselhaken glich dem breiten Blatt einer starken Säge mit einseitig nach unten gerichteten Zähnen. In diese Zähne griff ein an einer Zugstange der Gegenseite angebrachter Sperrhaken ein, mit dessen Hilfe man den unten einhängenden Kessel höher oder niedriger hängen konnte«, erzählt Heimatforscher Robert Richter aus Plütscheid. Eine nach dem gleichen Prinzip konstruierte Vorrichtung aus Holz diente übrigens zum Aufhängen des Öllichtes an der Zimmerdecke und wurde in der Westeifel »Stubenhoal«oder »Lichthoal« genannt.

»Hoal« ist eine sehr alte deutsche Benennung, abgeleitet von »hangen«.

Mit Hilfe eines am oberen Ende befestigten Ringes war der Kesselhaken an einer Querstange im Schornstein («Hoarscht«) aufgehängt. In größeren Haushalten, Klöstern und Gastronomien waren zwei oder drei der Geräte an einem eisernen Tragegerüst angebracht.

Erstmals erwähnt wird nach meinem Wissen eine Hoal in einem Weistum des Dorfes Düngenheim bei Monreal aus dem Jahre 1521, ferner in einem Nachlassverzeichnis des Pfarrhauses von Heimbach bei Kloster Mariawald von 1593 (»eyn eysern hael mit eynem henghange«). »Das Gerät ist sicherlich aber weit älter, vielleicht brachten es die Römer mit, was aber nicht belegbar ist«, meint Richter.

Die Hoal war bei unseren Vorfahren ein hoch angesehenes Stück der Hausstätte. Beweise hierfür sind, dass man sie als Wappenbilder adeliger Geschlechter wiederfindet. Neben dem reinen Zweck war sie auch symbolisch und in der Brauchtumspflege von großer Bedeutung. So wurden in der Eifel jung verheiratete Frauen derart in den Haushalt eingeführt, dass ihnen der Kochlöffel umgehängt und sie dreimal um die Hoal herumgeleitet wurden. Hiermit bedeutete man der jungen Frau, wo künftig ihr neuer Aufgabenbereich liegt, zugleich aber auch, dass sie in die Hausgemeinschaft gehörte.

Richter: »In der Vulkaneifel trat eine Magd ihren neuen Dienst an, indem junge Burschen aus der Nachbarschaft sie dreimal um die Hoal führten und dafür einen Trunk erhielten«. In weiten Teilen der Nord- und Osteifel steht die Redensart »De Hoal ophenken« für die Begründung eines Hausstandes und die Bereitung eines ersten Schmauses im neuen Haushalt. Selbst im französischen Sprachgebiet hat »pendre la cremaillere« (cramacula=Kesselhaken) dieselbe Bedeutung.

Mit Hilfe der Hoal wurde in alten Zeiten auch die Abgabe eines Hauses oder Hofes sinnbildlich beurkundet. Ein Alt – Eifeler Rätsel befragt die Kinder nach »24 Nasen, die nicht schnäuzen brauchen«. Lösung: eine Feuerhoal mit 24 Sägezähnen oder spitznasigen Zacken.

Notbremsung und Lebensrettung

Fritz Irsch ist ein Original mit besonderem Hang zum Erzählen und zum Musizieren. Geboren 1927 trat er bereits mit zehn Jahren dem örtlichen Fanfarenzug bei, er ist also seit vielen Jahrzehnten aktiver Musiker im Verein. Seit fast

70 Jahren leitet er diese Truppe und leistet bis heute großartige Ausbildungsarbeit im Nachwuchs. Dafür wurde er als ältestes aktives Mitglied in Rheinland-Pfalz ausgezeichnet.

Zu den besonderen Vorzügen des Fritz, wie er liebevoll genannt wird, gehört neben dem Musizieren das Erzählen. Wenn er loslegt und »op friejer« zu sprechen kommt, kennt er keine Uhrzeit. Geschichten rund um die vielen Begegnungen als Musikant, Erzellcher vom Dorf- und Vereinsleben, Steckelcher rund um die Ausbildungszeit und das Arbeitsleben sind ihm auch heute noch – 75 Jahre später – vertraut. Lückenlos berichtet er von Episoden, erzählt Anekdoten und kommentiert Ereignisse – ob sie nun heiter, ernst oder gar lebensbedrohlich waren.

So erzählt Fritz Irsch zwei Geschichtchen, die den Lesern nicht vorenthalten werden sollen. Einer Frau aus der Region, die bei einer betrieblichen Feier von einem mordlüsternen Täter umgebracht werden sollte, rettete der forsche Fritz geistesgegenwärtig das Leben. Mit Hilfe eines Tricks und hoher Schlagkraft gelang es ihm, den Täter zu Boden zu strecken. Auch einen zweiten Angriff des Fremdlings konnte er noch rechtzeitig abwehren. Später konnte der Täter der französischen Polizei im Besatzungsgebiet übergeben werden. Diese wahre Geschichte ereignete sich im Jahre 1949 und wurde auch in der Trierer Landeszeitung kommentiert.

Weniger ernst ging es einmal zu, als der Fanfarenverein aus Waxweiler an einer Festveranstaltung in Niederprüm teilnahm. »Wir hatten kein Auto, kein Geld«, erzählt Fritz Irsch. Es blieb also nur die Bahnfahrt von Waxweiler nach Prüm. »Erst handelte ich den Preis der Fahrt um die Hälfte runter, dann kam es so: Da wir in Niederprüm am Festzug teilnehmen sollten, die Eisenbahn aber hier nicht anhielt, brachten wir sie mittels einer Notbremsung zum Stehen – natürlich nicht ohne Standpauke des Zugführers«. Immerhin – so konnten die Waxweiler Musikanten sich einen langen Fußweg von Prüm nach Niederprüm ersparen und pünktlich zum Festzug erscheinen.

Dem 90-jährigen Senior gilt der Respekt aller Dorfbewohner und vieler Freunde. Trotz einiger Schicksalsschläge in seinem Leben hat er es nicht verlernt, optimistisch zu bleiben und das Leben anzunehmen wie es ist. Humor, Erzellcher und Musik sind ihm dabei gewiss wichtige Stützen.

Oh schönes Eifelland

Da streiten die Gelehrten sich,
Wes Stammworts »Eifel« sei,
Und füllen damit säuberlich,
Der Seiten lange Reih'.
Wozu der Streit um Kaisers Bart,
Ihr vielgelehrten Herren?
Deutsch ist das Land und seine Art,
Das ist der Sache Kern.

Auf seinen Bergen zieht es groß,
Ein wetterhart Geschlecht,
Das trägt vergnügt sein hartes Los
Und plagt sich recht und schlecht:
Der Bauer pflügt sein Land im Schweiß,
Nicht rechnend auf Gewinn;
All seiner Mühen Lohn und Preis
Ist ein zufriedner Sinn!

Einst strömten Lavagluten wild
Hervor aus Bergesspalt,
Noch heute gibt davon ein Bild,
Manch zackiger Basalt.
Des Feuers Herd liegt jetzt in Ruh',
Ihn decktet üpp'ge Flur,

Noch schauest in den Maaren Du
Bewundernd seine Spur.

Von alten Zeiten reden laut,
Die Steine weit und breit,
Vom Römer, der sich angebaut,
Von Haß' und Blut und Streit.
Von Rittern, die zum Kampf und Wehr,
Gezückt den blut'gen Stahl,
Heut' steh'n die stolzen Burgen leer,
Die Trümmer schau'n ins Tal.

Auf kahlen Höhen saust der Wind,
Die Haid' ist öd' und kalt,
Den Wandrer zieht es fort geschwind,
Er eilet ohne Halt;
Schwarz ist die Nacht, drum schnell nach Haus,
Eh' schlimm des Wetter wird,
Denn wehe wer in Sturm und Graus,
Da draußen pfadlos irrt.

Doch durch den schwarzen Wolkenflor
Dringt jungen Tages Schein,
Und zaubert warmes Licht hervor,
In Haid' und Feld und Hain.
Das Herz es weitet sich vor Lust,
Ich schaue unverwandt,
Und rufe laut aus voller Brust:
»O schönes Eifelland!«

Wohl gibt's in weiten deutschen Gau'n
Manch lieblich Landschaftsbild,
Manch stolzer Strom fließt durch die Au'n
Mit Ufern schroff und wild;
Doch Treu' und alte Sitte hegt
Kein Volk so fromm und rein,
Drum soll mein Herz, solang es schlägt,

»Der Eifel eigen sein«.

Westlich von des Rheintals Gasse
Ist das Land, dem gilt mein Lied,
Dessen Bild ich nie mehr lasse
Aus dem sehnenden Gemüt.

Möcht' mit wanderfrohen Schritten
Wieder zu dem Lande zieh'n,
Wo um strohbedeckte Hütten
Ginster und die Haide blüh'n.

Gerne lauscht' ich deiner Sprache,
Die mir klingt wie Heimatlied,
Eifelland, wo, raunt die Sage,
Ginster und die Haide blüht.

Deine Berge möcht' ich schauen,
Seh'n die Wolkenstreifen zieh'n,
Tief im Grund die Maare blauen,
Ginster und die Haide blühn.

Dunkle Wälder seh' ich grünen
Um die Felsenzacken kühn,
Efeu rankt um die Ruinen,
Ginster und die Haide blühn.

Seid gegrüßt Ihr stillen Lande,
Wo sich fleiß'ge Hände müh'n,
Frucht zu zieh'n aus trocknem Sande,
Ginster und die Haide blüh'n.

Omas Kiddelschierz

Sie war Allzweck-Utensil, Wundertüte, Tragetasche, Weinkissen, »Lepp zum Anhängen« und noch viel mehr: Oma Kätchens Kiddelschierz. Kittelschürze also – jenes Textil, das jede Hausfrau tagein, tagaus bei der Arbeit trug, sozusagen ihre Berufskleidung. Derer besaß Oma Kätchen vielleicht drei oder vier, fast alle waren schwarz-weiß, an eine bunte Schürze kann ich mich eigentlich gar nicht erinnern. Sie war gestreift, kariert oder mit Mustern, meist Blumen, bedruckt.

Die Kiddelschierz war natürlich Oberbekleidung: Ihre Träger wurden über den Kopf am Nacken angelegt, der untere Teil der Schürze mit zwei Bändern von beiden Seiten im Rücken verknotet. Die Schürze war meist wadenlang.

Am »Lepp« (Zipfel) dieser Schierz konnte ich mich festhalten, wenn ich auf den jungen Beinen noch etwas wackelig war, hier konnte ich manche Träne abtupfen oder – wenn ich einen Wunsch hatte – Oma zum Anhalten bewegen und es kundtun: »Has' du noch en Kamell für mech?«

Auch Mutter Agnes trug selbstverständlich im Haushalt wie im Garten ihre Kittelschürze. Noch eine kleine Episode aus der Küche fällt mir dazu ein – ich war etwa sechs Jährchen jung: »Was kochst du, Mama-chen?« fragte ich. »Dicke Bohnen, mein Sohn«, lautete die Antwort. »Was kochst du, Mama-chen?«, fragte ich erneut. »Dicke Böhnchen, mein Söhnchen«. Hmmmm... Ob ich's noch mal wagen soll? »Was kochst du, Mama-chen?« »Sakret Jies, dou kleene Panz, deck Bungen«, schallte es durch die Küche. Das saß!

Die gute alte Kittelschürze erfüllte vielerlei Funktionen. Wenn Oma aus dem Kellerregal ein Glas mit Marmelade entnahm, wischte sie kurzerhand mit dem Zipfel ihrer Schierz den angesammelten Staub vom Deckel. In der Schürze, die sie wie einen Sack in der linken Hand verbinden konnte, schleppte sie die Kartoffeln in die Küche.

Auch Gläser mit Wurst, Möhren aus der Sandkiste oder Rauchfleisch wurden so aus dem Keller in ihr »Reich«, die Küche transportiert.

Aus dem Garten beförderte sie – ganz ohne Eimer oder Korb – Sellerieknollen, Gurken, Bohnen, Äpfel oder Kirschen ins Haus. Man kann sich leicht vorstellen, wie fleckig und bunt diese Schürze mit der Zeit wurde. Aber man war nicht kleinlich und übersah so manchen hygienischen »Defekt«. Aus Omas »Allzweckwaffe« wurde auch das Hühnerfutter auf dem Hof ausgestreut: Körner und Krümel, Salatreste und Küchenabfälle. Anschließend fanden die aufgelesenen Eier ihren Platz in der »Schürzengrube«.

Draußen auf der Wiese diente die Kiddelschierz als Gemüsetrage sowie Apfel-, Kräuter- und Salattüte. Im Felde wurden bei der Nachlese per Hand die letzten Ähren in die Schürze gebettet, an den Hecken die Haselnüsse gepflückt und die ersten reifen Quetschen eingefangen. Selbst Holzstücke zum Befeuern des Küchenherdes beförderte Oma Kätchen mit Hilfe ihres Transport- und Auffangtextils.

Und außer den verschiedenen Gerüchen hing noch etwas Besonderes an der guten alten Schürze: mein Wissen um den »Notgroschen«. Hatte ich lange genug gebettelt oder war durch »gute Werke« besonders aufgefallen, griff Oma in die »Schierzenteisch« und zauberte eine Münze heraus. Mit dieser führte es mich schnurstracks zum Wunderautomaten an der Backstube, der für zehn Pfennige »en Strupp Kamelle« ausspuckte. Schoko oder Sahne … wahlweise. Danke, Oma!

Die Sprache der Walz

Kennt man ihn noch? Den Begriff »Auf der Walz sein«? Ganz selten sieht man noch einen Gesellen, der durch ein Eifeldorf zieht. Erkennbar an gewissen Utensilien und der Kleidung – auch an seiner Sprache! Einen solchen freundlichen Herrn durfte ich kürzlich in Pronsfeld kennen lernen.

Mit der »Walz« oder der »Tippelei« bezeichnet man die Wanderschaft eines Handwerksgesellen nach Abschluss seiner Gesellenprüfung. Der Lehrling wird vom Meister »frei« gesprochen und geht auf die Walz. Seit dem 12. Jahrhundert ziehen junge Handwerker durchs Land, um andere Regionen, Kulturen, aber vor allem neue Fertigkeiten in ihrem Fach kennen zu lernen.

Vom Spätmittelalter bis Mitte des 18. Jahrhunderts war die Walz Voraussetzung für den Gesellen, seine Meisterprüfung zu beginnen. Im Einzelnen regelten die entsprechenden Zünfte die Dauer und den Ablauf der Wanderschaft. Sinn des Wanderns war es auch, irgendwann einmal den väterlichen Betrieb zu übernehmen.

War ein Wandergeselle in einer fremden Stadt angekommen, musste er sich beim Zunft- oder Zechvater der entsprechenden Organisation seines Handwerks vorstellen. Fand er keine Arbeit, bekam er ein sogenanntes Zehrgeld und reiste weiter.

Über die »Walzsprache« erfuhr ich Erstaunliches! So machte der junge Jonathan (26 Jahre jung), der aus Celle stammt und über Trier den Weg nach Pronsfeld fand, interessante Äußerungen zu seiner Sprache. »Schuldenfrei, ehelos und nicht vorbestraft bin ich« – so ging unser Gespräch los. Ein freies Leben führt man also. Wenn auch »Schmacht« (Hunger) und Frost plagen – das stört den Gesellen nicht. Die Wanderburschen sorgen sich nur um das Heute, nicht um das Morgen. Sie tippeln auf der »Stehle« (Straße) von »Mochum« (Stadt) zu »Kaff« (Dorf), bei den »Krautern« (Meistern) halten sie Umschau. Wenn das »Kies« (Geld) ausgegangen ist oder der »Vater Weiß« (Winter) vor der Tür steht, wünschen sie »anzuschieben« (Arbeit aufzunehmen).

Abends kehren die Gesellen in der »Penne« (Herberge) ein, wo viele zusammenströmen. »Hanf« und »Lehm« (Brot), auch »Weißlinge (Eier), »Schieberling (Kuchen), »Unvernunft« (Wurst) und »Fettigkeit« (Speck) werden »abgeklopft« (erbettelt) und »gepickt« (verzehrt). Oftmals bitten sie auch um »Plempe« (Bier) oder einen »Rittmeister« (Schnaps), manchmal auch um »Schokelmei« (Kaffee) zum »Schwächen« (Trinken).

Manchmal erteilt Jonathan auch Anweisungen in der »Penne« an jüngere Kollegen: Er soll richtig »fechten« (bitten) und auch mal »flebbern« (fälschen von Stempeln) und sich dafür »Plempe blechen« lassen (ein Trinkgeld geben lassen). Ist es Zeit zum »Rauschen« (Schlafen), wird vom »Vizeboos« (Hausknecht) das »Schlummerpech« (Schlafgeld) eingezogen. Vor dem Schlafen beginnt das »Filzen nach Bienen« (Untersuchung der Kleider nach Läusen). Solcherlei Vieh befindet sich oft in »Stauden« (Hemden) und in den »Weitchen« oder »Buxen« (Hosen). Nicht selten muss der Geselle dann »Bankarbeit leisten« (auf Bänken schlafen) statt im »Weichling« (Bett).

Allerlei Berufsgruppen finden sich in der Herberge ein, jeder hat seine eigene »Religion« (Handwerk): »Lehmer« (Bäcker), »Verschönerungsräte« (Friseure), »Rumtreiber« (Küfer), »Elementenfärber« (Brauer), »Heringsbändiger« (Kaufleute), »Dreckschwalben« (Maurer), »Flammer« (Schmiede), »Pechhengste« (Schuhmacher), »Stichler« (Schneider), »Schwarzkünstler« (Kaminfeger), »Kaffer« (Bauer) und »Hobeloffiziere« (Schreiner). Hinzu kommen dann noch solche, die kein Handwerk erlernt oder nicht fleißig weiter betrieben haben: »Türklinkenputzer«, »Wolkenschieber« und »Chausseegrabentapezierer«.

Einige dieser originellen Begriffe gingen auch in die Allgemeinsprache ein und konnten sich teils bis heute halten. Dazu zählen Bezeichnungen wie »schmachten«

(Hunger haben), »Stift« (Lehrbursche), »Schale« und »Kluft« (Kleidung), »Barras« (Brot) oder »Kaff« (Dorf).

Ein Prost auf die Eifel!

Eins trink ich, weil ich durstig bin,
ein zweites, weil's mir schmeckt,
ein drittes, weil's nach meinem Sinn
den Geist des Vierten weckt.
Ich greif zum Fünften, Sechsten, Siebenten dann,
weil ich's nun mal nicht lassen kann.
Ich trink das Achte, Neunte, Zehnte,
beim Elften seufz' ich Weh und Ach,
denn auch die Füße werden schwach.
Und tränk ich nun das Zwölfte nicht,
verlör' ich ganz das Gleichgewicht.

Na dann … Zum Wohl!

Schlachten, Stolpern und Räuchern

»War das ein Duft früher, wenn im Haus geräuchert wurde«, erinnert sich Christian Hack aus Mützenich. Schlachten, Räuchern, Einlegen und Wurstherstellung gab es früher in allen Eifeler Bauernhäusern. Ganz vereinzelt trifft man heute noch auf einen Hausschlächter – so in diesen Tagen in Roth bei Prüm.

Drei Schlachttermine gab es früher in der Eifel: Um den Martinstag herum, in der Vorweihnachtswoche und um die Fastnachtstage. Kalte Tage mussten es sein, damit das Fleisch gut »abhängen« konnte und keine Gefahr für ein Verderben bestand.

Das getötete Schwein wurde ursprünglich abgebrüht und die Borsten wurden abgeschabt. Später ging der Schlächter zum Sengen über, das jedoch wieder wegen der Brandgefahr verboten wurde. Zwei Tage nach dem Schlachten wurde der Körper zerkleinert.

Roth bei Prüm am Tag nach Neujahr: Es ist null Grad, die Sonne scheint und Günter Hack schlachtet an diesem Tag bei einem Landwirt in Roth bei Prüm. Ein Rindvieh hat er bereits »bearbeitet«, es hängt jetzt im bäuerlichen Anwesen bei einem Grad – eine Woche lang. Nun sind noch zwei Schweine zu schlachten – für den 45jährigen Günter Hack Profi-Alltag. Fast 30 Jahre hat er als Metzger auf dem Buckel – es ist fürwahr eine schwere Arbeit, die den ganzen Mann erfordert.

»Dieses Schwein wird zwei Tage hängen gelassen«, sagt Hack, dann kann es zerkleinert werden. Doch zuerst wird es nach der Tötung »enthaart«. Dazu legt es der erfahrene Metzger in einem Bottich mit heißem Wasser, wo sodann die Borsten mit Hilfe einer Kette und einer so genannten »Glocke« entfernt werden. Dann kommt es an den Haken des Stablers, wo Günter Hack es in zwei Hälften zerlegen kann. Die Arbeitszeit beträgt rund 30 Minuten.

Als einzige Art der Fleisch-Konservierung kannte man in der Eifel das Pökeln, hier nur »Solpern« genannt. Christian und Günter Hack erinnern sich: »Bauchstücke, Schinken, Speck und Schweinefüße wurden in die Solperbütt gelegt, schön in Lagen aufgeschichtet. Dazwischen legte man Schnittlauch, Zwiebeln, Wacholderbeeren und Lorbeerblätter«. Der so genannte »Fleischstein« war ein Bottich aus Rotem Sandstein, die »Solperbütt« war ein ovales Gefäß aus Holz.

Christian Hack: »Entscheidend war jedoch das Salzen. Dazu wurde Salz in einem Wassereimer aufgerührt. Eine Kartoffel galt als Messgerät: Schwamm sie im Eimer oben, war das Salzwasser richtig durchmischt und konnte in die Bütt gekippt werden«. Sechs Wochen dauerte der Solpervorgang, dann wurde das Fleisch heraus genommen und sauber abgewaschen. »Ein Vorgang, der äußerst ernst genommen wurde, schließlich ging es um Qualität und Sauberkeit«, so Hack.

In einem offenen Schornstein, dem so genannten »Hoarscht«, wurden sodann Schinken, Speck und Würstchen geräuchert. In den meisten Häusern gab es späterhin eine eigene Kammer unter dem Dach, das »Räucherhäuschen«. Als Räuchermaterial dienten Wacholderäste. »Damals gab es die noch zahlreich in unserer Eifel«, sagt Christian Hack.

Beliebteste Wurstarten waren Blut- und Leberwurst, vereinzelt gab es auch Mett- und Bratwürste. Alle Wurstarten waren in Naturdarm verarbeitet. Eine Art Sülze, »Schilli« genannt, wurde aus den Füßen hergestellt. Äußerst beliebt war auch – besonders im Bitburger und Luxemburger Land – der »Treib«, eine Art Bratwurst aus gekochtem Fleisch, Weißkohl und Birnenmus. Diese Wurstart konnte man auch als »Gehäck« herstellen – eine »Sauerwurst« aus klein geschnittenen Würfeln von Leber, Lunge, Herz und »Bauchlapp«. Diese Würfel wurden gebraten und mit gedörrten Zwetschgen gesäuert. »Jehäck« war an anderen Orten der Eifel auch das gebratene Hirn mit Brot und Zwiebeln. »Ham« nannte man in den Eifeldörfern den duftenden, geräucherten Schinken.

Schwätze, schnesse, schwadroniere …

Kostproben originellen Eifeler Platts

Dialekte verraten viel über die Geschichte der deutschen Sprache. Sie sind ein Kulturschatz und ein wichtiges Merkmal regionaler Identität. Dialekte sind einzigartige Zeugnisse unserer Lebenskultur. Dies alles schützt sie nicht vor Wandel oder gar Untergang.

»Im Dialekt sind sich die Menschen näher, sie reden ausdrucksreicher, emotionaler, weniger distanziert miteinander«, sagte Horst Munske in den »Sprachnachrichten« vom Dezember 2009. Blumiger, farbiger, schillernder geht es im Dialekt allemal zu, auch origineller.

Das beweisen so bunte »Anreden« im Eifeler Platt wie Hospes, Aas, Lompekrimmer, Knuseldeppen oder Boxeschesser, wenn es um »kleine« Beleidigungen geht, die allerdings nicht anfechtbar sind. »Meij Lievchen« sagt mehr als »mein Schatz« und »Ech han dech jär« mehr als »Ich liebe dich«.

Das Eifeler Platt ist hervorgegangen aus aus der »Weltsprache Fränkisch«. Dazu gehören heute noch das Ripuarische (Köln, Rheinland), das Moselfränkische (Rheinland-Pfalz) und das Rheinfränkische (Hessen, Pfalz), natürlich auch die Mundarten in Franken (Karlsruhe, Würzburg, Nürnberg). Verschiedene Lautverschiebungen, Vermischungen und Grenzänderungen lassen jedoch heute keine klare Zuordnung mehr zu.

Der Eifeldialekt kennt heute keine klaren Abgrenzungen mehr. Oft reichen zwei Kilometer räumliche Distanz, um klangliche Unterschiede festzumachen. So geht man in Pronsfeld zur »Joarscht«, in Harspelt zur »Jeijt« (Jagd). In Winterspelt sagt man »Kond«, in Watzerath »Kand« und in Neuerburg »Kend« (Kind). Je mehr man sich der Mosel nähert, verändern sich im hohem Maße Vokalklänge, Gleiches gilt für räumliche Berührungen mit der »kölschen« Mundart – etwa ab einer Linie Stadtkyll/Steffeln/Jünkerath.

Die Basisdialekte sind in Deutschland rückläufig und verlieren zunehmend an Sprechern und damit an Bedeutung. In seinem Buch »Pfälzisch« aus dem Jahr 1990 meint Rudolf Post, dass das Pfälzische mit jeder neuen Generation neun Prozent seines Wortschatzes verliert. Dialekte seien heute nicht mehr fähig, eigenständige Neologismen (Neuschöpfungen) gegenüber dem Hochdeutschen zu entwickeln, es wird stets der hochdeutsche Ausdruck verwendet. Auch die Eifel verliert latent aber beständig ihre Mundart-Träger.

Was sind nun die Ursachen für das Aussterben der Dialekte? Zum einen sind es äußere Einflüsse, die negativ wirken: soziale Mobilität, Umzüge und der mediale Einfluss in unserer Gesellschaft. Das »Bollwerk« von Mundart schwindet so mehr und mehr. Auch das Schwinden an kulturellen Artefakten wie Brauchtum und religiöser Praxis ist ein Grund für das zunehmende Defizit. Innere Einflüsse sind dagegen die freiwillige Abwendung des Sprechers von der tradierten Mundart hin zum Hochdeutsch. In der »Konkurrenz« von Mundart mit Hochdeutsch und Fremdsprachen schwindet der Dialekt immer mehr.

Ein Gefälle ist noch von Stadt und Land auszumachen: In städtischen Gebieten ist die Mundart nur noch in Teilen vorhanden, auf dem Land noch zu einem größeren Teil. Beobachtungen meinerseits ergaben allerdings vor zwei Jahren, dass nur noch 15 Prozent der Kinder zuhause Mundart sprechen, in der Schule und im Verein sind es gerade noch fünf Prozent.

Auch Kinder und Jugendliche in der Eifel drängt es heute, ihre kommunikative Isolierung zu verlassen und sich durch einen Wechsel zur Hochsprache den Angeboten und Anforderungen der heutigen Lebens- und Arbeitswelt zu öffnen. Nur noch selten werden, selbst in bäuerlichen Kreisen, Identität und Eigenart der Sprache aufrechterhalten.

Wenn die obige These von Rudolf Post zutrifft, dürfte die Mundart noch 10 Generationen (=250 Jahre) überleben. Davon ist aber nicht auszugehen. Ich denke richtig zu liegen, dass im Zuge des Aussterbens hoher kultureller Werte, familiärer Strukturen und der Mobilität die Mundart noch eine Chance von höchstens drei Generationen hat. Unserer Urenkelkinder werden – zumindest in der Eifel – kein Dialekt mehr sprechen. Sie werden im gepflegten Hochdeutsch miteinander kommunizieren, dazu mindestens zwei Fremdsprachen beherrschen.

Dann bleiben für die Mundart nur noch Nischen. Man wird es in Sonderkursen an Schulen und Universitäten lernen können. Vielleicht gibt es noch ein paar »Inseln«, wo das Platt sich halten kann: etwa in der Händler- und Marktsprache. Vielleicht dient sie hier einmal – wie das »Jiddische« in einigen Landesteilen Deutschlands – als Geheimsprache. Früher waren es die Hausierer, die sich in der Fremde auf diese Geheimsprache verständigten, um nichts über Preise und Güte der Waren zu verraten.

Denkbar ist aber auch, dass sich Mundartsprachen mit Regionalsprachen vermischen. So ist durchaus vorstellbar, dass es in der Eifel zu einer »Symbiose« von überlieferter Mundart mit dem »Kölsch« kommen kann. Immer mehr Rheinländer verlegen ihren Wohn- oder Altersruhesitz in das Mittelgebirge. Auch aus Belgien und den Niederlanden kommen nicht nur Touristen in Scharen, sondern auch »Besucher« mit Erst- und Zweitwohnsitz. Auch hier könnten sich kleinteilige Mundarten sehr bald mit überregionalen Umgangssprachen vermischen.

Letztlich liegt es aber an jedem Sprecher, ob er die Mundart nutzt oder nicht. Eltern sind nur noch in kleinen Teilen bereit, ihre Kinder mit der Mundart groß werden zu lassen. Zu tief sitzt die Furcht, die Kinder könnten in der Schule und im Umfeld soziale und sprachliche Nachteile erfahren.

Anbei einige Kostproben Westeifeler Mundart, die sich auf die Ernährung und auf Kinderliedchen beziehen. Auch der Gebrauch solcher »Heischelieder« ist stark gefährdet. Nur noch jedes 2. Kind kennt die Ausdrücke, eine sinngemäße Auslegung ist fast völlig unbekannt.

Ernährung »op plaat«

Mahlzeiten heißen Mohlzischt am Mittag, Kaffee tranken am Nohmettich und Owendäerßen am Abend.

Die Hauptmahlzeit beginnt mit der Zopp. Besonders beliebt sind Randfleeschzopp, aber auch Linsen-, Erbessen- und Bungenzopp. Danach gibt es immer Jrompere, woraus sich Breij, Saalzjromper, Broatjromper oder »Quellmänn« machen lassen. Manchmal gibt es auch Reifkichelcher oder Pommes. Anstelle von Kartoffeln kann es auch Nuddele oder Reijs geben. Fleisch gibt es entweder als Broden oder Kauchfleesch. Lässt man Fett aus, so gibt es Jrieweschmaalz. Zum Hauptgericht zählen ferner Jemies oder Zalot. Im Winter ist dann Mousuhr oder Endivisch, im Sommer Kopzalot angesagt. Bevorzugte Gemüsearten sind Erbessen, Murren, Bungen und Kappes wie Wirsing, ruggen oder weijßen Kappes, Blumenkoll oder Rusenkull. Auch ist die Ruck Bet beliebt. An Gewürzen waren Päfer, Essich, Saalz und Zocker im Spiel.

An Wurst wären besonders zu nennen: Fleeschwurscht, Blut- und Lewerwurscht, Douerwurscht und anjekocht Mettwurscht. Kiss ist meist Klatschkiss oder Kiss a Schweiwen. Als Brotbelag dienen neben Schinken und Wurst juut Botter, Mamelad, Hunnich und Zarup. Ein Butterbrot heißt Bottich oder Schmirr. Das Brot heißt Bruck. Brachte der Vater ein Brot von der Arbeit wieder mit, nannte man Hasenbottich (bei Kinder sehr beliebt). Die Brotkruste hieß Koscht und das Endstück Kneisjen. Eine besonders dicke Schnitte heißt Remmel. Auch gab es Waafeln und Plätzjer zum Kaffee.

Besonders geschätzt war in der Eifel der Pannekooch, entweder natur oder belegt mit Prommen, Quetschen und Ääpeln. An Sonntagskuchen gab es den Bund, Hefkooch und Cremkooch. An Festen wie Kirmes oder Weihnachten traten Plätzjer oder Wäck hinzu.

Hauptgetränke waren Waßer, Melich, Tie und Kaffee. Tie und Kaffee wurden opgeschot. Besonders beliebt in der Eifel war stets der Viez und das Bier. Nach dem Essen gab es meist ein Schnäpsjen oder Braantwing.

Hat jemand kräftig Hunger, so sagt er Ech kreijen et Kennwaaßer, worauf er zur Antwort erhält Leck Saalz, da krechste Durscht! Wenn jemand sich zu viel auf den Teller lädt, bekommt er zu hören: Du has de Oren jrusser wie de Bochs. Ist er des Essens überdrüssig, sagt er von sich selbst Ech sen des esu saat wie des kaalen Mus. Aß jemand im Übermaß hieß es Der frest wie en Heidräscher.

Sprech un Sprech … un Sprech

An der »Kanddof« nehmen wieder nur verheiratet Frauen teil, kein Mann, kein Mädchen. Die Frauen, die sonst zurückhaltend und still sind, werden bei der »Kanddof« ausgelassen und machen aus ihrem Herzen keine Mördergrube. Fröhlichkeit, Humor und Scherz sind Trumpf. Die Frauen trinken Kaffee und essen Kuchen dabei. Nach dem Kaffee kommt der Branntwein. Den trinkt man jedoch bei der »Kanddof« nicht wie sonst aus den kleinen Schnapsgläsern, sondern aus Bier- oder Weingläsern. Diese werden bis zur Hälfte vollgegossen, und dann kommt ziemlich viel Zucker hinein, so dass das Glas fast bis an den Rand gefüllt ist. Kein Wunder, wenn die Frauen nach dem Genusse einiger Gläser dieser Mischung in eine heitere Stimmung versetzt werden, singen und jauchzen und Reden halten und die alten Verse zitieren. Dann machen die Frauen einen Gang durch das Dorf. Eine trägt die Schnapsflasche und schenkt anderen Frauen, die ihnen begegnen oder die sie im Hause antreffen, ein »Viejelchen« ein. Bald kehren sie wieder zurück, und der »Juchhei« nimmt seinen Fortgang. Ein öfters gesungenes Lied lautet:

Grußkätt wollt zur Kirmes joahn,
heider jeder jahn,
De klenen Theis wollt och matt joahn,
e loa, e loa, e loa.

Hei sollst de bleiwen,
heider jider jahn.
Kihh unn Kälwer treiwen,
e loa, e loa, e loa.

Als Grußkätt voan der Kirmes koahm,
heider jider jahn,
Doa fand et de Kleenen oan der Melich stoahn,
e loa, e loa, e loa.
Grußkätt noahm de Stäken,
heider jider jahn,
Eich sal dich lieren läken,
e loa, e loa, e loa.

De kleenen Theis lief zur Frau Noahpisch,
heider jeder jahn,
Frau Noahpisch, wat eich eich wollt soahn,
e loa, e loa, e loa.

Frau Noahpisch, wat eich eich wollt soahn
heider jider jahn,
Mein Frauu die hoat meich ball duttgeschloan,
e loa, e loa, e loa.

Hoat seei deich ball duttgeschloan,
heider jider jahn,
Da soll joa seei der Hoal erschloahn,
e loa, e loa, e loa.

Zu Besuch bei Tante Emma

Ein Zeitbild von 1955

Unsere »Tante Emma« in Pronsfeld hieß Katharina Heinz, nur »Baste Käthchen« genannt. Ihr Domizil mit Laden befand sich mitten im Dorf, an der Kreuzung Prüm, Habscheid, Lünebach. Es war eine bescheidene Wohnung im Obergeschoss, der Ladenraum umfasste kaum mehr als 25 Quadratmeter. Aber es war wie immer früher – man war genügsam und zufrieden.

Zuerst möchte ich auf ihren freundlichen Charakter und ihr mildtätiges Wesen verweisen – nicht selbstverständlich in den Nachkriegsjahren! Selbstverständlich war es bei Käthchen – einer sehr gläubigen Junggesellin – , dass es nach jedem Einkauf für uns Kinder ein Bonbon gab, man durfte wählen zwischen einem »Zückerchen«, also einer süßen Kamelle, einem »Himbeerchen«, einem fruchtigen »Böngchen« oder einer »Malz«, das war der kleine braune Block, der es mir besonders angetan hatte.

Blieben mal zwei Pfennige übrig, wählte ich noch zusätzlich eine Kirsche, das war sogar »Kamelle plus«, nämlich ein kleiner runder Lutscher. Hatte ich mal einen Groschen zuviel, entschied ich mich immer für eine Lakritzschnecke oder ein »Pfeifchen« – bestehend aus Lakritz und einer Pfeifenfüllung aus zuckrigem buntem Süßstoff. Manchmal durfte es auch ein Mohrenkopf sein.

Lecker für den Kindermund! Ich war immer auf's Neue begeistert.

Nun sei noch erwähnt, dass es für mich ein leicht ausgefallener Einkaufstag war: es war der Vorabend des Kirmessonntags. Ja – ich bin ein Sonntags- und Kirmeskind. Also wurde das Kirmesgeld mal schön zurückgehalten, um tags darauf wenigstens ein paar »Knuppautofahrten« finanzieren zu können. Das selbst im Vorblick auf »Päter« und »Jod« , die beide immerhin ein kleines Kirmesgeld »springen ließen«.

Das »Zeitbild« ist nur deshalb so authentisch lieferbar, weil ich genau den Einkaufszettel von 1955 noch in meiner Schreibwerkstatt »wie einen Augapfel« behüte – freilich vergilbt und ramponiert. Aber was heißt das schon? Dieses Mini-Dokument ist mir persönlich so wichtig wie anderen ihre Geburtsurkunde.

Da steht es also handschriftlich auf einem Fetzen der »Trierischen Landeszeitung« von mir – ganz pingelig – mit Bleistift notiert:

- 500 g Mehl
- 250 g Zucker
- 1 Packung gemahlene Haselnüsse
- 2 Päckchen Vanille Pudding, 2 Schoko-Pudding
- Zimt
- 12 Heringe
- 0,5 Liter Öl
- 1 Packung Batavia (Tabak für Papp)
- Streichhölzer
- 5 Hustenbonbons (Hustelinchen)

Den Endpreis weiß ich nicht mehr – ich schätze ihn aus heutiger Sicht auf 3,50 DM.

Apropos: Brot ist hier nicht aufgeführt. Das kam von Hambuch's Pitter, der von uns Roggen erhielt und wir im Gegenzug von ihm Brotmärkchen. Die weiteren Naturprodukte wurden natürlich selbst erzeugt – im Garten, in der Milchkammer und im Keller. Beispielhaft seien genannt: Sauerkraut im »Musdöppen«, »Klatschkiss« (Quark) in der kühlen Kammer, Marmeladen und Eingemachtes in der Küche.

Frischfleisch, Wurst, Obst und Gemüse fehlten ebenso im Tante Emma Laden. Auch Kartoffeln gab es nicht. Diese Lebensmittel wurden in den Haushalten selbst hergestellt. Ebenso Getränke wie Bier, Saft, Viez oder Tee. Größere Läden führten später aber auch diese Produkte. Schließlich gab es im damals 800 Einwohner-Ort Pronsfeld sechs Kaufläden und ebenso viele Gaststätten, die teilweise auch geräuchte Würstchen, Süßes und Tabak verkauften.

Käthchens Laden beherbergte auf kleinem Raum ein unfassbar großes Angebot. Essbares wie Heringe, Essig oder Öl kamen aus dem Fass, Süßigkeiten aus den dicken Glasgläsern, Maggi aus der großen Nachfüllflasche und Mehl, Zucker, Salz, Reis und Grießmehl fanden den Weg aus einem Sack in die Tüten, die sauber auf der die Theke bestimmenden Waage abgewogen wurden. Seife, Putz- und Waschmittel lagerten in einer Stellage, ebenso Tabak, Sirup, Senf und Pudding. Praktisches für die Hauswirtschaft wie Nähnadeln und Messer befanden sich ebenso wie Klebstoff, Scheren, Ziehgummi und Briefpapier in diversen Schubladen.

Auch Kittelschürzen, Schnürsenkel und Gürtel waren zu haben. Im Nebenraum lagerten sogar Pantoffeln, Gartenstiefel und Kleinteile wie Nägel und Glühbirnen.

Viele Markennamen haben sich in diesen Kinderjahren regelrecht in mir eingebrannt: Reval, Overstolz, Eckstein, Grenzhäuser (Tabak), Pril, Rei, Omo (Waschmittel), Kathreiner (Kaffeeersatz), Penaten (Heilcreme), Brandt (Zwieback), Knorr (Fleischsuppe), Erdal (Schuhpflege), Frigeo (Brause) und viele andere.

Manchmal dachte ich als kleiner Junge, welch ein wohlhabendes Reich Käthchen zu betreuen hatte. Alles im eigenen Haus – wie reich musste sie nach meiner Meinung sein! Reich war sie gewiss nicht, vielleicht im karitativen

Sinne. Sie spendete viel an soziale Einrichtungen und stiftete gar nach ihrem Ableben ihr Kaufhaus für einen guten Zweck.

Traditionelle Eifelrezepte

Kohlrouladen

Zutaten:

- 1 großer Weißkohlkopf
- 250 Gramm Hackfleisch
- 1 Brötchen
- 2 Eier
- 1 Zwiebel
- Petersilie, Pfeffer, Salz, Muskat
- Fleischbrühe
- Evt. etwas Rotwein und Sahne

Zubereitung:
Den Kohlkopf in kochendem Salzwasser blanchieren, die halbgaren Blätter lösen und zum Füllen vorbereiten. Aus dem Hackfleisch, dem eingeweichten und ausgedrücktem Brötchen, Eiern und Gewürzen den Hackteig zubereiten, danach in Portionen einteilen und auf die Kohlblätter geben. Dann die Blätter aufrollen zu Rouladen und mit Zwirn zusammenbinden. Im heißen Fett anbraten, Fleischbrühe angießen. Im Backofen die Rouladen eine Stunde schmoren lassen. Ab und zu drehen und mit der Brühe übergießen. Die fertigen Kohlrouladen auf einer Platte warm stellen, den Bratenfond mit etwas Wasser und evt. etwas Rotwein auffüllen, aufkochen lassen, mit

Soßenbinder binden, mit Sahne verfeinern und pikant abschmecken. Dazu reicht man Salzkartoffeln.

Kräutersuppe von der Mosel

Zutaten:

- 1 Bund Suppengemüse (Sellerie, Möhren, Lauch, Blumenkohl)
- einige Schalottenwürfel
- 20 g Butter
- ½ l halbtrockener Riesling
- 1 Bund Petersilie
- 1 Bündel Schnittlauch
- einige Zweige Kerbel, Pimpinelle, Estragon
- etwas Zitronensaft
- 250 g Landrahm

Zubereitung:
Das Suppengemüse in kleine Stücke würfeln, und mit einigen Schalottenwürfel und der Butter andünsten. Mit dem halbtrockenen Riesling auffüllen, köcheln lassen bis der Wein fast vollständig eingekocht ist. Dann mit ¼ l Gemüsebrühe auffüllen, auf kleiner Flamme köcheln lassen bis das Gemüse weich ist. 1 Bund Petersilie, 1 Bündel Schnittlauch und einige Zweige Kerbel, Pimpinelle, Estragon fein hacken und mit Zitronensaft und 250 g Landrahm in die Suppe geben. Suppe abschmecken und dann ½ Stunde ziehen lassen. Durch ein Sieb rühren oder alternativ Suppe vom Gemüse abschöpfen

Kurz und knackig: Lauch mit Knusperbrot

Zutaten:

- 5–6 Lauchstangen
- 50 g weiche Butter
- 1 EL körniger Senf
- Zitronenpfeffer
- Salz und Pfeffer.

Zubereitung:
Den Lauch längs halbieren und in ca. 10 cm lange Stücke schneiden. 40 g Butter mit Senf und Zitronenpfeffer mischen. Die restliche Butter in der Pfanne zerlassen. Lauch darin braten, bis er fast gar ist, aber noch Biss hat. Nach und nach Senfbutter darauf verteilen, salzen und pfeffern. Als Beilage muss unbedingt ein frisch gebackenes Brot serviert werden.

Mehlklöße

Kloßgerichte waren und sind in der Eifel sehr beliebte Speisen. Diese Gerichte lassen sich schnell herrichten, sind relativ einfach und es bedarf nur weniger Zutaten. Zu den begehrtesten Kloßspeisen gehören Mehlklöße, Weißbrotklöße, Griesmehlklöße, Kartoffel- und Reisklöße. Stellvertretend für die vielen Sorten sei hier die Mehlkloß-Variante wiedergegeben.

Zutaten:

- 1 Pfund Weizenmehl
- 4 Eier
- 1/4 Liter warme Milch
- 15 g Hefe
- 1 Stich Butter oder Schmalz
- 1 Teelöffel Zucker
- 1 Prise Salz

Zubereitung:
Das Mehl auf dem Tisch ausstreuen, in der Mitte eine Vertiefung machen und die warme Milch hineinrühren. Die gesamte Masse wird zu einem Teig geknetet, anschließend zum Aufgehen an einen zugfreien Ort gestellt. Danach wird der Teig nochmals leicht durchgearbeitet, dann bindet man die geformten Klöße in ein ausgeschmiertes und mit Mehl bestäubtes Tuch. Schließlich werden die Klöße 1 Stunde in Salzwasser gekocht. Serviert werden die Mehlklöße – übergossen mit brauner Butter und gerösteten Brotstückchen – zusammen mit Apfelkompott.

Mettwurst mit Wirsing

Zutaten:

- 6 Mettwürstchen
- 1 Wirsingkohl
- 1 kg Kartoffeln
- Wasser
- Salz und Pfeffer
- Muskatnuss

Zubereitung:
Wirsing waschen, dünn schneiden, Schmalz und Speckwürfel in einen Topf geben und auslassen. Darauf den Wirsing geben, Salz und Pfeffer hinzufügen. Etwas Wasser zugeben, damit die Masse nicht anbrennt. Ca. 1 Std. dünsten und gelegentlich umrühren.

10 Min. vor Ende des Kochvorgangs die Mettwürstchen in den gleichen Topf geben, sie würzen zusätzlich. Parallel dazu die Kartoffeln kochen. Das Gemüse abschmecken mit etwas Sahne und Petersilie.

Serviert wird das Gericht auf einem großen Teller, der komplett mit Wirsing ausgelegt ist. Darauf die Würstchen legen, an den Rand die Kartoffeln. Petersilie nicht vergessen. Hierzu passt vorzüglich ein trockener Weißwein.

Milch gab es früher in jedem Haushalt. Zumeist hatte der Eifeler – wenn nicht eine Erwerbslandwirtschaft – doch wenigstens eine Kuh. Somit gab es Milch als Grundstoff zu jeder Mahlzeit. Entweder als Getränk oder auch als Basis für eine gute Milchsuppe.

Milchsuppe (Mellichzopp)

Zutaten:

- altes Brot, auch Brotenden
- Milch,
- Zucker,
- Zimt
- Salz

Zubereitung

Milch erhitzen, Brot in bissgerechte Stücke brechen, in die Milch geben nach Geschmack salzen, zuckern, zimten heiß servieren!

Nautzen, auch Muzen genannt

Zu dem klassischen Fastnachtsgebäck gehören die Nautzen, auch Nutzen oder Mutzen genannt. Die Hausfrau stellt sie bis heute als Fettgebackenes vor dem Fetten Donnerstag her. Sie werden durch die gesamte Fastenzeit verzehrt. Früher erhielten die Kinder bei ihren Heischegängen Nautzen, in Zucker getaucht, zum sofortigen Verzehr. Mutzen sind ein rheinisches Siedegebäck, welches traditionell zu Karneval und Silvester hergestellt wird. Mutzen werden aus einem Teig aus Mehl, Eier, Zucker und Aromen gemacht.

Der zähe Teig wird dünn ausgerollt in Rauten geschnitten und im heißen Öl goldgelb ausgebacken. Das Gebäck wird gewöhnlich mit Staubzucker (»süßem Schnee«) bestäubt. Mutzen sind vorwiegend im Großraum Köln, am Mittleren Niederrhein, in Regionen des Bergischen Landes und in der Eifel verbreitet.

Zutaten:

- 200 Gramm Quark
- 6 Esslöffel Milch
- 1 Ei
- 8 Esslöffel Öl
- 100 Gramm Zucker
- 1 Päckchen Vanillin-Zucker
- 1 Päckchen Backpulver
- 1 Prise Salz
- 400 Gramm Mehl

Zubereitung:
Aus den Zutaten einen Knetteig herstellen, in einem Topf Frittierfett erhitzen. Mit einem Teelöffel kleine Teigstücke formen. In heißem Fett ausbacken, bis sie goldgelb sind. In einer Mischung aus Zucker und Zimt wälzen. Zum Portionieren der Teigstücke benutzt man auch einen Eiskugelformer. Damit geht es wesentlich schneller.

Trepsenmechel, der Heilkundige

»Wer trinkt Tee, wenn man nicht krank ist?«. So hieß es im Volksmund früher scherzhaft. »Heilkundige« wie der in Holsthum sesshafte »Trepsenmechel« und viele andere fast ausnahmslos Männer – wanderten zu den Erkrankten und verordneten gewisse Teesorten. Große Mengen an Heilkräutern wurden in den Familien gesammelt, getrocknet und aufgegossen. Als Universalheilmittel galt der Kamillentee. Bei Bauchweh und Erkältungen trank man Pfefferminztee, der in den Bauerngärten wuchs. Kinder bekamen im Fall einer fiebrigen Erkrankung Fencheltee, für den Magen und die Verdauung wurden Wermut und Tausendgüldenkraut herangezogen, aus dem sich »Batralzem« aufgießen ließ. Holunderblütentee half bei Wassersucht, bei Blasenleiden wurde Schachtelhalmtee verabreicht. Im Islek und im Bitburger Land wurde Bitterkleetee (»Gäßkillstie«) aufgegossen, wenn jemand sich verschluckt hatte oder mit Sodbrennen zu hatte. Als schweißtreibendes Mittel galt der Lindenblütentee.

Der »Heilkundige« war auch immer Nachrichtenübermittler und »Märchenerzähler«. So wird ihm auch dieser Spruch angedichtet: »Batralzem, auch Eifel-Balsam genannt, ist eine Spezialität aus der Eifel. Ein Wermutaufgesetzter mit sensationeller Wirkung gegen Eifelmalaria, Eifelkater, Eifel – Myxomatose oder auch Eifelheimweh«.

Arzt und Apotheke waren früher auf dem Lande eine Seltenheit. Vielfach gab es im Umkreis von 50 Kilometer nicht einen Mediziner, Medikamente kannte man nur spärlich und bezahlen konnte man sie auch nicht. Nur in der größten Not suchte man den Arzt auf, und dies war mit vielen Schwierigkeiten verbunden.

Doch man wusste sich zu helfen. Ein wundersames Wissen um Kräuter, Tees und Wurzeln aus der »Herrgottsapotheke« sowie ein festes abergläubisches Vertrauen zu bestimmten Praktiken breitete sich aus, so dass eine Art »Volksmedizin« entstand. Viele Heilpflanzen, deren Namen und Anwendung man damals besser kannte als heute, wurden verwendet bei Krankheiten an Menschen und Vieh. Trotz vieler Pillen und Tropfen, die die moderne Medizin hervorgebracht hat, haben sich das Wissen und manche Hausrezepte bis heute erhalten und erleben in unseren Tagen sogar eine Renaissance. Die heilkräftigen Wirkungen von Kamille, Baldrian, Schafgarbe, Holunder, Linde, Minze, Brombeere oder Brennnessel sind unbestritten.

Bei beginnender Krankheit griff man zunächst nach diesen bewährten Hausmitteln, die in Feld und Wald reichlich zu finden waren. Eine gründliche Schwitzkur, so meinte man, treibt Schnupfen und Erkältung aus, die auch verschwindet, wenn man abends dreimal in die Strümpfe riecht, die man tagsüber getragen hat. Halsweh vergeht, wenn man einen Strumpf mit heißen Pellkartoffeln füllt und so um den Hals legt, dass die Ferse unmittelbar auf den Kehlkopf zu liegen kommt. Die früher recht häufigen Frostbeulen verschwinden, wenn man sie mit dem Brühwasser eines geschlachteten Schweins badet. Um Rheumatismus zu heilen, trägt man ständig in der linken Hosentasche drei reife Kastanien. Bei Gerstenkörnern am Auge ist es nötig, die benachbarten Wimpern auszureißen. Der Schluckauf vergeht, wenn man den Atem anhält und darüber nachdenkt, wo man das letzte Mal einen Schimmel (Pferd) gesehen hat. Nasenbluten hört auf, wenn man stillschweigend zwei Strohhalme kreuzweise übereinanderlegt und das Blut darauf tropfen lässt. Bei Entzündungen hilft ein Aufschlag von frischem Kuhdünger, bei Blutungen werden Spinngewebe auf die Wunde gelegt. Bekannt war auch das Anzapfen von ungesundem Blut durch Blutegel, auch das »Aderlassen« wurde allgemein mit großer Regelmäßigkeit betrieben, besonders in der Frühjahrszeit. Hundefleisch und besonders Hundefett diente Lungenkranken zur Heilung. Bisse heilte man durch das Auflegen von Hundehaaren auf die Wunde.

In noch höherem Ansehen als die Hausmittel standen bei unseren Vorfahren die zahlreichen Zaubermittel und -handlungen, um so Krankheiten auf Pflanzen, Tiere und Menschen zu übertragen. Am Beispiel der Behandlung von Warzen lässt sich dies besonders gut darstellen. Mancherorts ist von diesem »Glaubensgut« noch heute etwas zu spüren. Wer die Warzen eines anderen zählt, bekommt selbst welche. Wenn man einem anderen Warzenblut auf die Hand tupft, so bekommt dieser auch Warzen. Warzen verschwinden, wenn man auf dem Felde ein Strohseil findet und damit die Warzen stillschweigend bestreicht. Auch mit dem Öl, das in der Totenlampe gebrannt hat, kann man Warzen vertreiben. Sie vergehen auch, wenn man in einen Nähfaden so viele Knoten macht, als man Warzen hat und den Faden stillschweigend unter einem Stein vergräbt. Auch der Saft der gelben Schnecken besitzt heilkräftige Wirkung. Beim Erklingen der Totenglocke wäscht man die Warzen am fließenden Wasser ab und spricht dabei: »Es läutet, Warzen ich wasche euch ab«. Erfolgreich ist es auch, wenn der mit Warzen Behaftete darauf achtet, ob während der heiligen Wandlung jemand spricht. Ist dies der Fall, so muss er über die Warzen streichen und dabei sprechen: »Was ich sehe ist Sünd, was ich berühre vergehe geschwind«. Der unandächtige Schwätzer wird dann die Warzen bekommen.

Ohne Zweifel finden sich in der volkstümlichen Heilkunst Spuren germanischen Geisterglaubens. Unsere Vorfahren glaubten, ihre Krankheiten würden durch kleine Quälgeister hervorgerufen, die im Menschen hausen und durch das »Besprechen« vertrieben werden könnten. Dieses »Besprechen« wird mit dem Bekreuzen, Bestreichen und Umfahren der kranken Stelle verbunden. Diese Praxis war überall verbreitet, auch nach dem Einzug des Christentums hielten sich hartnäckig heidnischer Glaube und Zaubergesinnung. Die dabei gebrauchten Formeln sind entweder kurze Befehle, die das Verschwinden einer Krankheit bewirken sollen, oder sie werden in Form einer kleinen Erzählung gegeben.

Bei Krankheiten an Mensch und Vieh kam häufig der Gesundbeter ins Haus, um durch einen geheimnisvollen Zauber- oder Segensspruch Heilung und Gesundheit zurückzubringen. Die meisten der bekannten Segenssprüche weisen hin auf die Zaubersprüche unserer Vorfahren. So zeigt beispielsweise der Segensspruch, der bei Gliederverrenkung angewandt wurde, große Ähnlichkeit mit einem der Merseburger Zaubersprüche, nur mit dem Unterschied, dass an Stelle der germanischen Gottheiten christliche Heilige getreten sind. Ein Beispiel:

»Ritt Sankt Georg sein Pferdchen über Stock und Stein,
und verrenkt sich Fuß und Bein,
war bald wieder heil.«

Deutlich zeigt sich die innige Verbindung zwischen dem christlichen Gottesglauben und heidnischem Volksglauben. Wie der Geisterbeschwörung eine kurze Erzählung vorausgeschickt wurde, so begannen die Besprechungsformeln zumeist auch in Form einer Erzählung, die von Krankheitserscheinungen ähnlicher Art berichtet. Der Spruch wurde im Flüsterton gesprochen, dreimal ein Kreuzzeichen über die kranke Stelle gemacht und drei Vaterunser gesprochen. Die Zahlen drei und sieben spielten dabei eine besondere Rolle, sie galten als besonders heilkräftig (Dreifaltigkeit, sieben Schmerzen Mariens usw.). Wichtig war vor allem, dass der Erkrankte an die Heilkraft des Zauberspruches glaubte.

Meist waren es ältere Frauen, die die »Besprechungen« vornahmen.

Heute lächeln wir über diese Zauberpraktiken und Riten. Heil- und Schutzmittel sowie Segenssprüche und Besprechungen sind uns fremd. Unseren Vorfahren waren sie jedoch wichtige Hilfen in oft aussichtslosen Lagen.

Us juut aal Eefel

1899

Fängt man von »Eifel« an,
Man immer hören kann,
Wie sehr das schöne Land
Von vielen wird verkannt.
Dem sind die Berg' zu hoch,
und dem nicht hoch genug,
Und hat die Eifel nicht

Elektrisch Licht.
Von Gerolstein nach Manderscheid
Ach Gott! der Weg ist viel zu weit,
Und zwischen Daun und Adenau
Behaglich grunzt die wilde Sau,
Am End' der Welt liegt Malmedy,
Wo der Wallone treibt sein Vieh,
Ach, Eifel, ach Eifel, du armes Hinterland!

Der Dumme, der so spricht,
Er kennt die Eifel nicht,
Die vor der staub'gen Stadt
So manchen Vorzug hat.
Für Luft- Dampf-, Wasser-Kur
Rat ich zur Eifel nur,
Da fühlt ein Jeder sich
Gesund und frisch.
Lässt man auf Eifels schönen Höh'n
Vor frischen Winden sich umweh'n,
Labt sich im Dorf an Düngerduft,
Der würziger als Großstadtluft,
Wie thut das Nas'und Lunge gut,
Und wie sich da verjüngt das Blut!
Hoch Eifel, Hoch Eifel, du lustig Luftkurland!

Geht unser großer Mann
Auf einer Tour voran,
Kann kaum bei solchem Schritt
Der Wohlbeleibte mit.
Der pustet hinterdrein,
Bald stellt der Dampf sich ein.
So geht's in heißem Lauf
'rauf – 'rauf!
Und läuft's herab an Arm und Bein,
Dann schleicht sich fort das Zipperlein,

So lob' ich mir ein Dampfbad im schönen Eifelland.
Auch ist es interessant,
Zu zieh'n durch dieses Land,
Wenn frisch der Himmel gießt,
Der Regen strömend fließt.
Klattschnaß bis auf das Hemd,
Wirft man die Bein' und rennt –
Ja so ein Wasserbad
Ist delikat.
Man stürzet in die nächste Schenk,
Zieht seine Kleider aus und hängt
Sie in die Näh' des Ofens auf,
Zum Rauchfang steigt man selbst hinauf.
Hat man getrocknet sich genug,
Kriecht man in das gewärmte Tuch
Und singet in Freuden: ade mein Eifelland!

Volkes Mund tut Wahrheit kund …

Es gibt nur ein Problem, das schwieriger ist als Freunde zu gewinnen: sie wieder loszuwerden.

Wir lieben die Menschen, die frisch heraussagen, was sie denken – falls sie das gleiche denken wie wir.

Jeder ist ein Mond und hat eine dunkle Seite, die er niemanden zeigt.

Die deutsche Sprache sollte sanft und ehrfurchtsvoll zu den toten Sprachen abgelegt werden, denn nur die Toten haben die Zeit, diese Sprache zu lernen.

Menschen mit einer neuen Idee gelten so lange als Spinner, bis sich die Sache durchgesetzt hat.

Verschiebe nicht auf morgen, was genau so gut auf übermorgen verschoben werden kann.

Es ist ganz leicht, sich das Rauchen abzugewöhnen; ich habe es schon hundert Mal geschafft.

Ein Bankier ist ein Mensch, der seinen Schirm verleiht, wenn die Sonne scheint und der ihn sofort zurückhaben will, wenn es zu regnen beginnt.

Man könnte viele Beispiele für unsinnige Ausgaben nennen, aber keines ist treffender als die Errichtung einer Friedhofsmauer. Die, die drinnen sind, können sowieso nicht hinaus, und die, die draußen sind, wollen nicht hinein.

Trenne dich nie von deinen Illusionen und Träumen. Wenn sie verschwunden sind, wirst du weiter existieren, aber aufgehört haben, zu leben.

Es gibt Leute, die den Schuljungen verlachen und ihn leichtfertig und oberflächlich nennen. Dabei war es ein Schuljunge, der gesagt hat: ›Glaube ist, wenn man was glaubt und weiß, es ist nicht so.‹

Erziehung ist die organisierte Verteidigung der Erwachsenen gegen die Jugend.

Immer wenn man die Meinung der Mehrheit teilt, ist es Zeit, sich zu besinnen.

Wenn du einen verhungernden Hund auf liest und machst ihn satt, dann wird er dich nicht beißen. Das ist der Unterschied zwischen Hund und Mensch.

Gib deine Illusionen nicht auf. Wenn du sie verloren hast, existierst du wohl noch, aber du hast aufgehört zu leben.

Schlagfertigkeit ist etwas, worauf man erst 24 Stunden später kommt.

Ein Klassiker ist etwas, das jeder gelesen haben muss und niemand lesen möchte.

Männer, die behaupten, sie seien die uneingeschränkten Herren im Haus, lügen auch bei anderer Gelegenheit.

Freude lässt sich nur ganz auskosten, wenn sich ein anderer mitfreut.

Versuchungen sind wie Vagabunden: Wenn man sie freundlich behandelt, kommen sie wieder und bringen andere mit.

Tiere sind die besten Freunde. Sie stellen keine Fragen und kritisieren nicht.

Wahrheit ist etwas so Kostbares, dass Politiker gar nicht anders können, als damit sparsam umzugehen.

Seien Sie vorsichtig mit Gesundheitsbüchern – Sie können an einem Druckfehler sterben.

Alle reden über das Wetter, aber keiner tut etwas dagegen.

Wenige Dinge auf Erden sind lästiger als die stumme Mahnung, die von einem guten Beispiel ausgeht.
Ehe man anfängt, seine Feinde zu lieben, sollte man seine Freunde besser behandeln.

Eine Bank ist eine Einrichtung, von der Sie sich Geld leihen können – vorausgesetzt, Sie können nachweisen, dass Sie es nicht brauchen.

Die Vorurteile von Professoren nennt man Theorien.

Es ist besser, Ehrungen zu verdienen und nicht geehrt zu sein, als geehrt zu sein und es nicht zu verdienen.

Eine gute Rede hat einen guten Anfang und ein gutes Ende – und beide sollten möglichst dicht beieinander liegen.

Der Nachteil des Himmels besteht darin, dass man die gewohnte Gesellschaft vermissen wird.

Was wären die Menschen ohne die Frauen? Rar, sehr rar.

Was braucht man, um erfolgreich zu sein? Unwissenheit und Selbstvertrauen.

Vor einem Hollerbusch musste man den Hut ziehen

Mythologie, Magie und Heilkraft des Holunders

In keinem Bauerngarten in der Eifel fehlte früher der Holunder, hier auch Hollerbusch oder Hollerstrauch genannt. Er hatte eine große Bedeutung in der Volksmedizin, war zudem in vorchristlicher Zeit eine Wohnstätte der guten Geister und Abwehrpflanze vor Dämonen und bösen Krankheiten. Bis heute hat sich eine gewisse Magie und Verzauberung erhalten, die tiefer greift als bei anderen Büschen und Bäumen.

Der Schwarze Holunder (Sambucus nigra) ist ein bis zu zehn Meter hoher Strauch oder kleiner Baum mit starker

Verzweigung. Die Zweige des Holunders sind oftmals bogenartig ausladend. Die Rinde ist von graubrauner Farbe und übersät mit Korkporen, die als hellere Erhebungen ins Auge fallen. Der Holunder ist ein Flachwurzler mit weitreichendem Wurzelwerk.

Die Laubblätter sind unpaarig gefiedert. Die einzelnen Blattfiedern sind etwa 30 Zentimeter lang und bestehen aus meist fünf oder sieben Einzelblättern, die elliptisch und am Rand gesägt sind. Die Einzelblätter sind jeweils bis etwa 12 Zentimeter lang. Das Blattwerk entwickelt sich etwa im März bis April.

Ab Mai bis in den Juli erscheinen am jungen Holz bis zu 30 Zentimeter große, flache Schirmrispen aus vielen Einzelblüten. Ihr frischer, fruchtiger Duft ist unverwechselbar und typisch für den Holunder. Die weißen oder leicht gelblichen Blüten sind in der Regel fünfzählig. Sie besitzen entsprechend jeweils fünf Kelchblätter, fünf miteinander verwachsene Kronblätter, fünf freie Staubblätter mit gelben Staubbeuteln und drei miteinander verwachsene Fruchtblätter, die später in der Frucht drei Kerne bilden.

Im August und September beginnen die anfangs roten, später schwarzen »Beeren« (eigentlich Steinfrüchte, die auch als »Fliederbeeren« bezeichnet werden) zu reifen. Sie besitzen einen burgunderroten Saft, der aus Textilien kaum auswaschbar ist, und bilden jeweils drei Samen. Während diese Früchte reifen, färben sich auch die Stiele, an denen sie sitzen, rötlich. Die Beeren sind nach dem Abkochen oder Vergären essbar. Die Früchte werden hauptsächlich durch Vögel verbreitet, doch auch Säugetiere und Menschen tragen zur Verbreitung bei. Die Pflanze kann etwa 100 Jahre alt werden.

Der Name Holunder leitet sich möglicherweise aus der nordischen Mythologie ab, wo der Strauch mit der Unterweltgöttin Frau Holle (einst Hel genannt) in Verbindung gebracht wurde. Im Holunder wohnte der gute Geist eines Bauernhofs, die »Hollermutter«. Das Aushacken oder Verstümmeln eines Holunders brachte Unglück oder Tod, der Hollerstrauch im Hausgarten galt als Lebensbaum. Das Verdorren zeigte den Tod eines Familienmitglieds an. Er galt als Abwehrmittel gegen schwarze Magie und Hexen, schützte vor Feuer und Blitzeinschlag. Man sollte unter ihm vor Schlangenbissen und Mückenstichen sicher sein. Auch beherbergte er wohlgesinnte Hausgeister, was den Strauch in vielen Hausgärten heimisch werden ließ und zu dem Spruch führte, dass man vor einem Hollerbusch den Hut ziehen müsse. Der unangenehme Geruch des Laubes soll daher kommen, dass sich Judas einer Legende nach an einem Holunderbaum erhängt hat.

Auch in der Eifelküche war und ist er (noch) ein gern gesehener »Gast«. Neben Gelee, Likör, Mus, Holundersuppe, Essig, Wein, Sekt und Sirup hat sich ein Backrezept bis heute erhalten: Holunderküchlein. Diese werden wie Eifeler Nutzen in Eierkuchenteig getaucht und mitsamt der Blütendolde im kochenden Fett ausgebacken.

Rezepte

Holundersuppe

1 Kg Holunderbeeren werden mit 1 Liter Wasser, 2 Nelken, Zimt, Zitronenschale und 100 g Zucker 30 Minuten gekocht. Danach wird durch ein Sieb gestrichen und nochmals aufgekocht. Die Suppe wird dann etwas gebunden, mit Apfelspalten dekoriert und heiß aufgetragen.

Holunder- Karotten- Marmelade

500 g Holunderbeeren werden in 0,4 Liter Wasser 5 Minuten gekocht und dann passiert. 500 g Karotten werden geputzt, in Wasser gedünstet und ebenfalls passiert. Man mischt beide Mengen und fügt die Hälfte des Gewichtes an Zucker zu und kocht nochmals auf. Anschließend kann die Masse heiß in Gläser gefüllt werden.

Holunder- Grog

500 ml Holundersaft werden mit 1 Esslöffel Zucker gemischt, erhitzt und mit 500 ml Korn versetzt. Anschließend kann man diesen Grog heiß trinken.

Holundersaft

Abgestreifte Holunderbeeren werden in einem Entsafter 1 Stunde erhitzt. Der erhaltene Saft wird noch heiß auf Flaschen gegeben und verschlossen. Daneben kann man auch die Holunderbeeren mit wenig Wasser (240 ml Wasser auf 1000g Beeren) ansetzen und 20 Minuten kochen. Danach wird abgeseiht, die rote Flüssigkeit nochmals erhitzt und sofort auf Flaschen abgefüllt.

Holundermus

500 g entstielte reife Beeren werden nach dem Waschen mit 10 entkernten Pflaumen, 70 g Zucker, 1 Stückchen Zimt und einer halben Tasse Wasser zu Mus gekocht. Zur Entfernung der kleinen Holunderkerne wird das Mus durch ein Kunststoffsieb passiert. Danach entweder gleich oder bald essen, ansonsten sollte das Mus heiß in Gläser abgefüllt und verschlossen werden.

Hollerküchle

200 g Weizenvollkornmehl werden mit einer Prise Salz, zwei Eigelb, 250 ml Milch und einem Esslöffel Honig verrührt und zwei Eiweiß geschlagen untergehoben. In einem

Topf wird Butter verflüssigt und erhitzt. 10 bis 20 Holunderblütendolden werden am Stiel in den Teig getaucht und dann sofort in das heiße Fett gegeben, nach 2 Minuten entnommen, abtropfen lassen und heiß serviert.

Gedichte

Der Holunder

An einem weißen Holda-Strauch,
mit Götter-Doldenblüten,
da reift ein federleichter Hauch,
um Menschen zu behüten.

Der Holler wächst mit Wunderkraft,
in weichen Flötentönen,
er zaubert holden Beerensaft,
um Früchte zu verschönen.

So manche Hexe zieht kein Hut,
sie bricht ihn für den Besen,
und braut aus vollem Übermut,
das Leid für »arme Wesen.«

Doch wer am nahen »Zauber« ruht,
verfällt dem Glanz der Träume,
dem geht es ganz und gänzlich gut,
im Schutze – der Holunderbäume.

Dorfstille

Holunderduft liegt auf der Dorfesgasse –
die Hüttenfenster gleißen sonnenbunt.
Die Büsche schatten breit – es fliegen blasse

und volle Blüten schwebend hin im Rund.
Die Kirche ragt im goldengrünen Dämmern
der Linden, die sie überdrängen breit.
Nur aus verlorner Ferne dringt ein Hämmern,
als sei's der Herzschlag dieser Einsamkeit.

Sonst alles klangtot! und die Mittagstille
liegt wie mit erz'nen Flügeln überm Land –
ich glaube fast, man hört es, wenn die Hülle
der Blätterknospen sprengt ihr bräunlich Band …

Ich glaube fast, man hört es, wenn im Neste
die Schwalbe sich im Mittagsschlafe regt,
und wenn ein Bienlein durch die Lindenäste
die Würze tropfend aus den Blüten trägt …

Alberta von Puttkamer (1849–1923)

Vorsicht Kollision!

Ausgangspunkt: Der Bericht des »Trierischen Volksfreund« vom 26. 01.2012 über die Entwicklung der Eifeldörfer, über Leerstand, Abriss, Verfall und Wegzug der Bewohner. In Teilen der Eifel bluten die Dörfer aus, nicht wenige sind von der Preisgabe bedroht.

Da fällt mir das »Eifellied« des Sülmer Heimatdichters Bernhard Lemling ein, der zwar gefühlsselig, aber literarisch durchaus gekonnt seine Liebe zur Region ausdrückt. Würde er heute leben, hätte er nach der Lektüre des Zeitungsberichts sicherlich andere Verse gewählt.

Dorfbestad(t)tung

Eifelland, Du meine Heimat,
Eifelland, wie bist du schön!
Deine aussichtslosen Täler,
deine reich bebauten Höh'n!

Bitburg ruft! Die Stadt der Träume
saugt das weite Islek auf.
Nach der Lehre von dem Wandel
nimmt die Leere ihren Lauf.

Nichts und niemand lenkt und steuert
außer Geld und Galerist,
bis der Mensch versorgt am Ende
kraftlos eingemauert ist.

Wie armselig hier zu wohnen,
lasst uns in die Städte ziehn!
Eifelland, du öde Heimat,
Eifelland, wie warst du schön!

Verfasser unbekannt

Eifellied

Heimatland, du Land der Berge,
an der Mosel, an dem Rhein,
immer hältst du mich umfangen,
froh bin ich, dein Kind zu sein.

Oh, wie singen deine Wälder,
oh, so traut sind Tal und Höh'n,
Eifelland, du meine Heimat,
Eifelland, wie bist du schön!

Dörflein, ihr vom Wald umkränzet,
Dörflein, ihr in Tal und Höh'n,
berget schlichte, liebe Menschen,
die in alter Treue gehn.

Oh, wie selig, hier zu weilen,
nimmer kann ich von euch gehn,
Eifelland, du meine Heimat,
Eifelland, wie bist du schön!

Bernhard Lemling

Weberlied aus der Eifel

Als der Wind im Winter blies,
Schüttelte Frau Holle
Auf der Schafe zartes Vlies
Flöckchen warmer Wolle.

Aber als der Sommer dann
Wieder neu geboren,
Hat die armen Schäflein man
Kahl und glatt geschoren.

Aus der Wolle, weiß und rein
Wie das Licht der Sonnen,
Wird im bunten Farbenschein
Feines Garn gesponnen.

Als ein Faden zart und weich
Rollt es auf die Spule
Breit und mächtig, voll und reich,
Quillt es aus dem Stuhle.

Schifflein ist viel tausendmal
Hin und her gestoben,
Hat aus Fäden sonder Zahl
Edles Tuch gewoben.

Und geraut, geschoren fein,
Glänzt es samt und seiden,
Alle Menschen, groß und klein,
Würdig zu bekleiden.

Auf der Isleker Eisenbahn …

Eine winterliche Reminiszenz an alte Eisenbahntage

Für die Kreise Bitburg und Prüm war der 5. Januar 1952 ein denkwürdiger Tag. Nach siebenjähriger Unterbrechung fuhr erstmals wieder ein Zug von Pronsfeld nach Neuerburg.

Es war ein schneereicher Wintertag, denn ein Teilnehmer der »Jungfernfahrt« nach dem Krieg drückt seine Empfindung poetisch wie folgt aus: »Bei prächtigem Schneetreiben kam ich von Prüm am frühen Vormittag mit dem Zug in Pronsfeld an. Schon um die Türme der Basilika wirbelten in wildem Tanz die Flocken, als gelte es, ein städtisches Faschingstreiben einzuleiten«. Doch dann deutet der Verfasser es anders mit einer Bauernregel: »Hohes Schneetreiben um Lichtmess, sind wir guter Jahresernte gewess«.

Während der Zug nach Waxweiler zunächst noch 300 Meter parallel zum Neuerburger Zug mithält und dem Wasserlauf der Prüm folgt, steigt rund 200 Meter weiter der Neuerburger Zug langsam den Berg hinan. In Höhe des Bierbaches passiert er eine erste Brücke – mit schöner Aussicht ins Bierbachtal. Doch bald verengen Dämme, Wälder und Bergkämme den Blick, der Zug streift Euscheid und gelangt nach Üttfeld, wo sich die Straßen nach Burg Reuland und St. Vith kreuzen.

Wieder schwärmt das Dichterherz: »Lange Jahre war dieser Islek mir freundschaftliche Heimat, besonders im Advent, wenn wir in der Krippenstube des Lichtenborner Pastors saßen oder in die verschneite Westeifel hinaustraten«.

In der kleinen Islek-Metropole Arzfeld gibt es einen weiteren Halt; hier steigen viele Zugpassagiere in Postwagen, um in ihre Dörfer zu gelangen. Es folgt – neben Euscheid – noch ein neuer Haltepunkt: Neurath. Etwas später rollt der Zug das tief verschneite Wiesental hinab und erreicht in der Talschlucht Zweifelscheid. Dann gehts hinein ins enge, schluchtige Enztal, wo man keine 100 Meter Voraussicht hat. Der Zug erreicht nach 25,6 Kilometern und 45 Minuten die verschneite »Perle der Westeifel«: Neuerburg.

Achtung: Spaß!

Wetterstation am Schleifstein

Original Schleifstein aus der Pittenbacher Öl- und Getreidemühle. Der Stein diente dem Schliff alter land- und forstwirtschaftlichen Geräte sowie verschiedener Haushaltsgeräte.

Schleifstein bewegt sich = STURM

Schleifstein liegt ruhig = WINDSTILLE

Schleifstein ist nass = REGEN

Schleifstein ist trocken = KEIN REGEN

Schleifstein ist weiß = SCHNEE

Schleifstein wirft Schatten = SONNE

Schleifstein ist unsichtbar = NEBEL

Schleifstein ist runtergefallen = ERDBEBEN

Schleifstein ist weg = GEKLAUT
(wird wohl kaum passieren – ich wiege 22 Zentner!)

Wo gehobelt wird …

… fallen Späne, sagt der Volksmund. Und das stimmt! Allerdings beziehen wir diese Redensart in diesem Fall nicht auf den Menschen, sondern auf die tierische Ebene.

Ein einmaliges Naturschauspiel bietet sich dem Betrachter im Naturschutzgebiet Alfbachtal. Etwa zwei Kilometer unterhalb der Habscheider Mühle hat sich der Bibervater eine durchweg zweckmäßige Werkstatt eingerichtet. Das Inventar ist zwar dürftig – es braucht noch nicht einmal Zwinge, Hobel oder Feile.

Das einzige Arbeitsinstrument der fleißigen Nager sind die Zähne, mit denen Familie Biber ihre Grob- und Feinarbeit verrichtet. Der Werkstattmeister ist derzeit dabei, einige Erlen und Weidenstämme – nach gemeinsamer Fällaktion unter Mithilfe des gesamten Clans – glatt zu schleifen und zu polieren. In einem besonderen Fall wird ein Teilstück der Erle derzeit in akribischer Feinarbeit »portioniert«. Lücken, Kerben und Dellen sollen später einmal dazu dienen, Baumteile geordnet zu archivieren.

Dass bei den Fäll- und Zerlegearbeiten in Bibervaters Werkstatt auch noch etwas für den hungrigen Magen abfällt, ist durchaus ein positiver Nebeneffekt. Und was an Reststücken in der Arbeitsstube keine Verwendung mehr findet, wird umgehend als Bauteil für die nächste Burg oder den Damm reserviert.

Ein Prümer Original

Katharina Zimmer (»Zömmisch Käthchen«) war einst eine stadtbekannte Persönlichkeit in Prüm. Dass sie in einem Spiegel-Bericht 1949 als »Stadtnärrin« bezeichnet wurde, soll hier nur am Rande erwähnt werden. Als die Prümer Bevölkerung im September 1944 zwangsweise evakuiert wurde, weigerte Käthchen sich beharrlich, die Stadt zu verlassen. Weil sie immer wieder ihre bescheidenen Unterkünfte wechselte, überlebte sie den monatelangen Artilleriebeschuss und die Luftangriffe. Nach der Sprengung des Konvikts im Februar 1945 durch ein deutsches Kommando kam Käthchen völlig unversehrt zum Erstaunen der Soldaten aus den Trümmern gekrochen. Die Amerikaner taten ihr danach kein Leid an und auch in den folgenden Notjahren kam die tapfere Frau über die Runden. Sie sprach oft davon, einmal vom Trierer Bischof beerdigt zu werden. Genau das trat ein, als Käthchen bei der verheerenden Explosionskatastrophe im Juli 1949 ihr Leben verlor und zusammen mit weiteren Opfern am 20. Juli 1949 auf dem Friedhof der Abteistadt von Bischof Bornewasser beerdigt wurde.

Zum guten Schluss

DIE EIFEL-RALLYE

1. Woher hat das Städtchen Prüm seinen Namen?
2. Welcher berühmte Deutsche liegt in der Basilika bestattet?
3. Wer war Lothar?
4. Wie heißen die 3 Dauner Maare?
5. Welches ist das größte Eifelmaar?
6. Wie hoch ist der Schwarze Mann?
7. Wie heißt die höchste Erhebung der Eifel?
8. Nennen Sie 3 Bade-Städte in der Eifel.
9. Wie groß ist jeweils die Entfernung von Prüm nach Aachen-Köln-Koblenz?
10. Wo entspringt die Ahr?
11. Wo befindet sich das markante Eifeler »Burgenpaar«?

12. Wie heißt die berühmte Abtei in der Osteifel?
13. In welchen 2 Bundes-/3 EU-Ländern liegt die Eifel?
14. In welchem Landkreis liegt der Burgort Kronenburg?
15. In welchem Landkreis liegt Münstermaifeld?
16. Welches Dorf liegt am Pulvermaar?
17. Wann explodierte der Prümer Kalvarienberg?
18. Wo steht die Genovevaburg?
19. An welchem Fluss liegt Wittlich?
20. Im »Quellendreieck« entspringen welche Flüsse?
21. Der längste Eifelfluss heißt....?
22. An welchem Maar ist – der Sage nach – ein Dorf untergegangen?
23. Welche Stadt wird »Eifelperle« genannt?
24. In welche Himmelsrichtung entwässern 75 % der Eifelflüsse?
25. Welche Adelige schenkte ihren Grundbesitz für die Prümer Klostergründung?
26. Wo steht bis heute ihre Hausburg?
27. Wo befindet sich der wallende Born?
28. Wo befindet sich das Maarmuseum?
29. Wo befindet sich Deutschlands drittgrößtes Wacholdergebiet?
30. Wie nennt der Dichtermund die Eifelmaare?
31. Wo wirkte und lebte Fritz von Wille?
32. Wo befindet sich die ehemalige Ordensburg Vogelsang?
33. Wie heißt das jüngste (neu geflutete) Eifelmaar?
34. Wo steht die Erlöserkirche? (eingeweiht 1913 in Anw. von Kaiser Wilhelm 2.)
35. Wo gab es die »Grüne Hölle«, das Karussell und den Schwalbenschwanz?
36. Wo ist Mario Adorf geboren?
37. Welches Dorf ist nach einer » Herberge« benannt?
38. Wo steht die berühmte »Krippana«?
39. Wie heißen in der Eifel Schwiegersöhne/-töchter auf platt?
40. Wie heißt das berühmteste Eifelrezept?
41. Was ist »Hoarscht«? Koarscht? Joarscht?

42. Wer prägte folg. Spruch: »Die Eifel ist wunderschön; nur schade, dass hier Menschen wohnen«?
43. Übersetzen Sie: »An der Eefel ass et kaalt, rou un säle schung« (stimmt allerdings überhaupt nicht!).
44. Den größten Geschichtsverein des Landes RP gibt es in …?
45. Das beste (und teuerste) Mineralwasser des Landes produziert man in …?
46. Wie heißt der deutsch-belgische Grenzfluss?
47. Mit welcher Silbe enden die meisten Ortsnamen in der Region?
48. Wo gibt es die Säubrennerkirmes?
49. Wie heißt die älteste Stadt Deutschlands?
50. Die »Eifeler Rur« schreibt man mit oder ohne »h«?
51. Wie heißt der meist gelesene Krimi-Autor Deutschlands?
52. Was sind Barbarazweige?
53. An welchem Tag stellt man sie in eine Vase, damit sie an Weihnachten blühen?
54. Wann ist der »Kräutertag«?
55. Wo gibt es die Mercedes-Arena?
56. Wie hieß der ehemalige deutsche Landkreis im heutigen Belgien?
57. Was bedeutet »Luxemburger Schweiz«?
58. Wo kann man eine »Lebende Krippe« besichtigen?
59. Wo gibt es ein Dorf ohne Einwohner?
60. Wer missionierte im 7. Jahrhundert die Eifel?
61. Wo liegt der Missionar bestattet?
62. Welches Tier staut Flüsse und Eifelbäche?
63. Staut es durch Dämme und/oder Burgen den Bach?
64. Aus welchem Material ist Lava entstanden?
65. Wo gibt es einen Vulkangarten?
66. Gab es wirklich einen »Ford Eifel«?
67. Wo ist die Kasselburg zu bestaunen?
68. Wie heißt der Rote…. (Greifvogel)?
69. Wohin pilgern die Prozessionsteilnehmer an Pfingsten?

70. In Irrel ist Wassersport möglich: Wie heißt die Sportart?
71. Wie heißt die Sumpfdotterblume in der Eifel?
72. Wie nennt der Volksmund den Besenginster?
73. Wie hieß der Bundespräsident, der 1957 Prüm besuchte?
74. Welcher Bundeskanzler war vielmals in Maria Laach zu Gast?
75. Wo steht das Weltunternehmen Techni-Sat?
76. Was ist »Bernkasteler Doktor«?
77. Wo gibt es die berühmte Senfmühle?
78. Wie heißt die Doppelstadt an der Ahr?
79. Die BUGA fand statt in…?
80. Wo gibt es ein »Eifeltor«?
81. Wer war Gustave Eiffel?
82. Was produzierte die Firma »Eifelland«?
83. Wo fand der RLP-Tag 2011 statt?
84. Wo 2012?
85. Wo liegt das?
86. Welches Eifeldorf spielte mal in der 2. Bundesliga?
87. Wer ist »Euro-Eddy«, Klaus Toppmöller, Erich Maas?
88. In welchem Dorf gibt es Dudelsackpfeifer?
89. In welchem Städtchen gibt es ein Kriminalmuseum?
90. Was ist »Himmel un Erd«?
91. Was ist Batralzem?
92. Was heißt »St. Salvator«?
93. Was sind »Saubunge«?
94. Was ist »irden Geschirr«?
95. Wie heißt die Braugruppe mit dem meist gezapften Bier Deutschlands?
96. Wie heißt die berühmte Felsenwand in Gerolstein?
97. Welche Hauptveranstaltung liefert der Reitverein jährlich in Prüm?
98. In welchem Eifeldorf wurde der Tatort »Der Bulle und das Landei« gedreht?
99. Was ist »Der Eifel«?
100. Wie heißt die Wanderverbindung von Aachen nach Trier?

Die Eifel-Rallye: Lösungen

1. Fluss Prumia
2. Kaiser Lothar
3. Fränkischer Kaiser, Enkel Karls des Großen (840)
4. Weinfelder, Gemündener, Schalkenmehrener Maar
5. Meerfelder Maar
6. 697 Meter
7. Hohe Acht (747 Meter)
8. Bad Münstereifel, Bad Neuenahr, Bad Bertrich
9. ca 100 km
10. Blankenheim
11. Manderscheid
12. Maria Laach
13. RLP, NRW, Belgien, Luxemburg, Deutschland
14. Euskirchen
15. Mayen-Koblenz
16. Gillenfeld
17. 1949
18. Mayen
19. Lieser
20. Ahr, Kyll, Erft
21. Kyll
22. Weinfeld
23. Monschau
24. Süden
25. Bertrada
26. Mürlenbach
27. Wallenborn
28. Manderscheid
29. Blankenheim-Alendorf
30. Augen der Eifel
31. Burg Kerpen
32. Nationalpark Eifel
33. Eichholzmaar
34. Gerolstein
35. Nürburgring

36. Mayen
37. Kalterherberg
38. Losheim
39. Eidam/Schnouer
40. Döppekooch
41. Kamin/Hacke/Jagd
42. Kaiser Wilhelm der 2.
43. In der Eifel ist es kalt, rau und selten schön
44. Prüm
45. Gerolstein
46. Our
47. –scheid
48. Wittlich
49. Trier
50. ohne »h«
51. Jacques Berndorf
52. Schmuckzweige für Weihnachten
53. 4. Dezember
54. 15. August
55. Nürburgring
56. Eupen-Malmedy
57. Felsenland Mullerthal
58. Monschau und Neuerburg
59. Wüstung Wollseifen
60. Willibrord
61. Echternach
62. Biber
63. Dämme
64. Magma (flüssiges Vulkangestein)
65. Steffeln
66. ja! (1935 – 40 in Köln gebaut)
67. Pelm
68. Milan
69. Echternach
70. Kanu
71. Butterblume
72. Eifelgold

73. Theodor Heuß
74. Konrad Adenauer
75. Daun
76. Weinlage
77. Monschau
78. Bad Neuenahr-Ahrweiler
79. Koblenz
80. Köln-West
81. Erbauer des Eiffelturms in Paris
82. Wohnmobile
83. Prüm
84. Ingelheim
85. Rheingau Bingen-Mainz
86. Salmrohr
87. Bundesligaspieler
88. Dudeldorf
89. Hillesheim
90. Gericht (Blutwurst, Kartoffeln, Apfelmus)
91. Kräuterlikör
92. Erlöser
93. Dicke Bohnen
94. Tonwaren
95. Bitburger
96. Munterley
97. Pferdemarkt
98. Monreal
99. Schnaps
100. Eifelsteig

Der Autor

Joachim Schröder, geboren am 1. Mai 1949 in Pronsfeld/Eifel. Nach dem Besuch der Volksschule in Pronsfeld Besuch des Regino-Gymnasiums Prüms, Abitur 1969. Studium an der Erziehungswissenschaftlichen Hochschule Koblenz mit Staatsexamen 1972. Von 1972 bis 2008 Lehrer an der Wandalbert-Hauptschule in Prüm. Seit Juli 2008 im Ruhestand.

www.joachim-schroeder.com

Bisherige Buchveröffentlichungen

Brauchtumslandschaft Eifel – Bräuche und Feste im Jahreskreis (1996) – vergriffen.

Brauchtumslandschaft Eifel – Feiern, Feste und Bräuche in Haus und Familie (1997) – vergriffen.

Brauchtumslandschaft Eifel – Volksfrömmigkeit früher und heute (1998).

Von Kesselflickern, Kalkbrennern und Korbflechtern – Handwerk und Gewerbe im alten Eifeldorf (1999).

Von Kurbeln, Kesselhaken und Kappessteinen – Ländliches Leben und Schaffen im alten Eifeldorf (2000).

Im stillen Eifelhaus – Eine Reise in die Vergangenheit (2006).

Immerwährender Eifeler Bauern- und Hauskalender (2008).

Leben und Arbeiten in der Vulkan- und Westeifel (2009).

Brauchtum in der Westeifel (2010).

Weihnachten im Eifelland (2011).

Die Vulkaneifel – Fotos von Fredy Lange (2012).

Was Oma einst anrichtete – Eifeler Küchengeschichten (2012, Eigenverlag – vergriffen)

Watt kouchst du Mamchen? (3. Auflage unter neuem Titel, 2013)

Zu Besuch im frühen Eifeldorf (2014)

Ist der Bauer voll mit Bierchen, geht er heim auf allen Vierchen (2015)

Weihnachten im Eifelland (Verbesserte Neuauflage, 2015)

Es begab sich dereinst im Eifelland – Eefeler Verzellcher (2016)

Volkstümliche Plaudereien am Kamin – Eefeler Verzellcher Bd.2 (2017)

Volkstümliche Plaudereien auf der Hofbank – Eefeler Verzellcher Bd.3 (2018)

Frage

Haben Sie sich gut unterhalten lassen? Haben Sie viel geschmunzelt und auch mal herzhaft gelacht? Prima! Dann habe ich als Verfasser wohl die richtige Auswahl getroffen, was gar nicht so leicht war. Und Sie, liebe Leserinnen und Leser, haben das richtige Produkt gelesen.

Es war meine Absicht, Verlorengehendes zu retten, in ein Buch zu packen und Sie mitzunehmen auf eine Zeitreise durch unsere Eifel.

Ich danke Ihnen für Ihr Interesse und wünsche allen eine gute Zeit!

Joachim Schröder